# 데이터 과학 입문

## R과 Python의 활용

허명회 지음

자유아카데미

이 책은 성신여자대학교에서 "빅데이터의 이해와 활용"을 가르치면서 쓴 강의 텍스트 〈빅 데이터의 과학: R Commander의 활용〉의 고급 버전입니다. 이 책에서는 계산 도구(computing tools)로 R Commander 대신 R과 Python을 사용하였습니다.

R과 Python은 데이터 과학 커뮤니티에서 활용되는 Top 2 컴퓨터 언어입니다. R은 전통적으로 통계학 배경의 전공자들이 사용하였고, Python은 컴퓨터 전공자들이 사용하였습니다. 두 언어가 기질적인 차이가 있어서 개인별로 선호가 다릅니다만, 선호의 차이는 주로 어느 언어를 먼저 배우느냐에 있어 보입니다. 한국어를 영어보다 먼저 배운 사람은 한국어가 편하고, 영어를 한국어보다 먼저 배운 사람은 영어가 편한 것과 마찬가지입니다. 이 책에서는 R과 Python을 동시에 제시함으로써 두 언어에 대한 비차별적 습득을 도모합니다. 물론 한 가지를 선택하여 학습할 수도 있습니다.

이 책은 10개의 장으로 구성되어 있습니다. '빅' 데이터 입문에서 시작하여, 수치형 데이터의 탐색, 변수변환, 범주형 데이터의 탐색, 통계적 추론, 회귀모형, 분류모형, 군집화 등의 기본 방법론을 8개의 장에 넣었습니다. 그리고 마지막 2개의 장에 기계학습(machine learning)의 맛보기라고 할 수 있는 k-NN과 나무모형(tree models)에 관한 내용을 수록하였습니다.

이 책에 쓰인 실습용 데이터 파일, R 스크립트와 Python 스크립트는 자유아카데미 홈페이지(www.freeaca.com)에서 확인할 수 있으니 참조하기를 바랍니다. 예전에는 백 번 듣는 것이 한 번 보는 것만 못하다고 했지만, 이제는 백 번 보는 것이 한 번 해보는 것만 못한 시대입니다. 꼭 따라 해보길 바랍니다.

허명회, 성신여대 석좌교수

2021년 8월

**당부의 말씀**

데이터 과학은 방법론의 실행만으로 되질 않습니다. (이 책과 같은 방법론 해설서에서는 다루기 힘듭니다만) 보다 중요한 것은 데이터에 관한 이해입니다. 변수 하나 하나를 곱씹는 태도를 기르길 바랍니다.

1장

# '빅' 데이터 입문

# 1장. '빅' 데이터 입문

이 장에서는 데이터의 역사, '빅' 데이터의 이해와 활용을 조망합니다. 나무를 보기 전에 숲을 보기로 합니다.

## 1.1 데이터의 역사

<그림 1>을 보세요. 쿠심의 점토 태블릿(Kushim tablet)입니다. 메소포타미아 지방에서 나온 수메르(Sumer)의 것이지요(BC 3400-3000). 이 태블릿은 가장 오래된 데이터 기록으로 알려져 있습니다. 그 내용은 "보리 29,806 자루를 37개월에 걸쳐 쿠심이 받았다"는 것입니다. 유발 하라리(Yuval Harari)가 그의 베스트셀러 <사피엔스 Sapiens: A Brief History of Humankind>에서 이 점토판의 인류사적 의미를 우리에게 일깨워 주었는데요, 그것은 국가라는 큰 조직을 위해서는 수치 정보의 기록인 데이터에 대한 마인드와 기술이 있어야 했다는 것입니다. 금세기를 '빅' 데이터의 시대(the era of big data)라고 하는데, 데이터의 중요성과 가치에 대한 인식은 인류 문명과 궤를 같이 하는 오랜 역사가 있습니다.

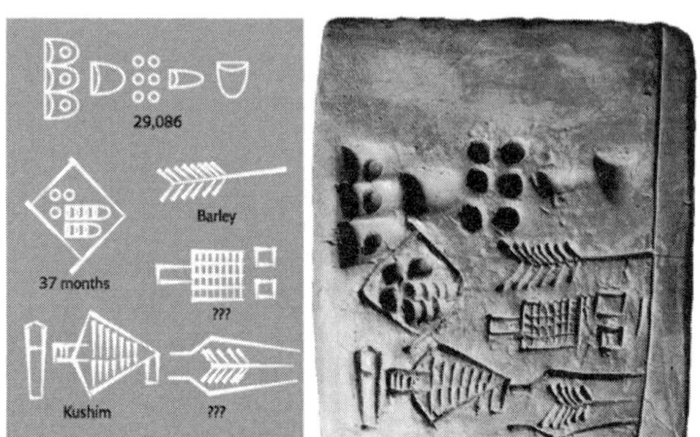


<그림 1> Kushim의 점토판(BC 3400-3000)

https://erenow.net/common/sapiensbriefhistory/30.php

## 1.2 '빅' 데이터의 이해

데이터는 계량화가 가능한 일체의 기록입니다. 대표적인 데이터는 수치적 기록입니다만, 수치 외에도 텍스트, 음성과 영상이 포함되고 최근에는 각종 전자 센서가 수집하는 측정기록이 포함됩니다.

최근 10-20년을 제외하고 인류에게 데이터는 귀한 것이었습니다. 측정과 기록엔 상당한 품이 들었습니다. 예를 들어 시청역 1번 출구에 하루에 몇 명이 들락날락하는지를 알고자 하였다면 사람이 계수기를 들고 하루종일 출구에 붙어 짤깍짤깍 계수기 버튼을 눌러야 했습니다. 그러나 이제는 CCTV 영상기록을 활용하는 더 싸고 편한 방법이 있습니다.

'빅' 데이터(big data)는 '3V'로 특징화되는 데이터입니다. '3V'는 Volume(크기), Velocity(속도), Variety(다양함)인데요, 최근 시기의 데이터가 이전과는 비교가 되지 않을 정도로 크고 과거엔 생각할 수 없을 속도로 수집되고 소스 source와 형태가 다양하다는 것입니다. 예컨대 신용카드사를 보자면 주종이 카드사용 기록인데 양이 어마어마하고 빠르게 누적됩니다. 그리고 콜 센터에는 통화 녹음이 데이터화됩니다. 이렇게 데이터가 커지고 빨라지고 다양하게 된 이유는 컴퓨터 기술의 혁신적 변화에 있습니다. 과거엔 전혀 가능하지 않던 것들이 최근에는 일상입니다. 그렇다고 최근의 데이터가 특별히 '3V'로 제한되지는 않습니다. 과거의 작고 똑똑한 데이터들도 여전히 유효합니다. 또한 '빅' 데이터를 다루는 기법이 통계학적 관점에서 과거의 데이터와 별로 다르지도 않습니다. 따라서 '빅' 데이터에서 '빅'은 '멋진' 정도의 수식어로 보면 됩니다. 나는 10-20년 후에는 사람들이 데이터 앞에 이 수식어를 붙이지 않고 그냥 데이터라고 할 것으로 봅니다.

여하튼 데이터의 시대에서 우리 모두는 전공에 관계 없이 이런 시대적 흐름에 잘 적응해야겠죠. 그런데 좀 불안하지 않나요? "대학 가면 수학과는 담을 쌓고 살아도 될 줄 알았는데", "나는 컴퓨터에는 별로인데"라고 스스로를 매김하는 학생들이 많이 있을 것입니다. 그런데 새로 마음을 먹기 바랍니다. 데이터에 대한 탐구는 통계학(수학 포함)이 약간, 컴퓨터 스킬이 약간 섞기기는 하지만 영역 지식(domain knowledge)이 바탕이기 때문입니다. 여기서 영역 지식이라고 함은 대학 내 각자의 모든 전공입니다. 심리학일 수도 있고, 공학일 수도 있고 패션 디자인

일 수도 있습니다. 이렇든 이제는 모든 것들이 데이터화되고 있고 여러분들이 자신의 영역에서 데이터 작업을 하게 되는데 이를 통칭하여 데이터 과학(data science)이라고 합니다.

영역에 대한 관심과 흥미가 성공인 예를 하나만 들어보겠습니다. 말콤 글래드웰(Malcolm Gladwell)의 아웃라이어(Outliers) 2008엔 이런 에피소드가 있습니다. 캐나다에서 인기 있는 스포츠인 아이스하키에선 프로 선수들이 아이들에겐 영웅입니다. 영웅들의 생일에 열렬한 팬들은 카드나 선물을 보내기도 하죠. 그러다가 저자는 그들의 생일이 1-2월에 집중되어 있지 않지 않은가...를 깨닫게 되어 무릎을 탁 치게 됩니다. 그래서 자신의 추측이 맞는가를 확인하고자 모든 선수들의 생월(birth month)을 조사하고 분포를 구해보니 1-2월이 다른 달에 비하여 20% 정도 많았습니다. 이유가 뭘까 궁리해보게 되는데 그는 다음과 같이 추론합니다.

> 캐나다에서 아이스하키 소년 클럽은 5살에 시작되는데 여기서 5살이란 그 해에 5번째 생일을 맞이하는 1월생부터 12월생이 모두 포함된다. 그런데 5살짜리 중에는 1-2월생이 11-12월생에 비하여 덩치가 크고 스케이팅 기술도 좋다. 그러니 1-2월생이 좋은 클럽에 들어가고 좋은 클럽에서 1년을 겪은 아이들은 다음해 선발에서도 유리하다. 이런 것이 여러 해 거듭되면서 그들이 프로선수가 된다.

통계(統計)를 영어로 'statistics'라고 하는데 이 단어의 기원은 국가통치의 산술에 있습니다. 즉 국가통치를 위하여 인구, 지리, 농업, 상공업, 군사 등에 대한 수치가 필요하였던 것인데 이들이 한 국가 전체에 대한 수치적 정보이므로 '빅' 데이터인 셈입니다. 그런데 20세기에 들어 통계가 세분화되고 체계화되면서 국가통치의 산술에서 데이터에 관한 과학으로 성장하여 통계학(statistics)이 됩니다. 여러분들은 표본조사(sample survey)와 비교실험(comparative experiment)의 방법론이 통계학에서 만들어졌다는 것을 알고 있나요? 두 방법론이 없었다면 각종 사회여론 및 마케팅 조사, 신약 허가 및 의학적 처치의 비교는 현재 수준에 현저하게 미달한 수준에 머물고 있을 것입니다.

20세기에서 21세기로 넘어오는 시기에 컴퓨터와 통신 기술의 비약적 발전이 있었고 이에 힘입어 '빅' 데이터의 시대가 열려 통계학이 다루는 데이터의 3V, 즉 크기(volume)와 축적 속도(velocity), 종류의 다양성(variety)이 폭발적으로 증가하게 된 것입니다.

## 1.3 '빅' 데이터의 활용

'빅' 데이터 활용의 유형은 간단히 요약할 수 없을 정도로 다양합니다. 여기서는 2개 사례를 보겠습니다.

첫째 사례는 소득세 환급에 적용된 뉴욕 주정부 사례입니다. 소득세는 일정률로 원천 징수되지만 1년 단위로 총소득에 대한 정산을 하여 원천 징수액이 최종 세액에 비교하여 크면 차액이 환급됩니다. 반대로 원천 징수액이 최종 세액과 비교하여 작으면 차액을 추가로 징수합니다. 많은 납세자들은 정직하게 1년 소득을 신고하지만 그렇지 않은 납세자들이 있기 마련입니다. 세금 부정에 대하여 전에는 내부 제보 등 첩보에 의하거나 임의로 검사하는 방식으로 탐지하여 왔습니다. 그러나 이제는 납세자들에 대하여 각종 인적 속성과 직업, 재산 상황을 데이터로 입력하여 기대되는 총 세액 E를 산출합니다. 그리고 각 납세자에 대하여 자진 신고액이 E보다 현저하게 미달하는 경우에 대하여 자세한 세무 조사를 합니다. 그렇게 하여 뉴욕 주정부는 상당한 추가 세원을 확보하는 성과를 거두고 있습니다. 이런 수준의 과세 행정은 천만 명이 넘는 과세자들에 대한 세세한 정보를 데이터화하였기에 가능합니다. * 아쉽게도 지금은 인터넷에서 관련 기사가 사라졌습니다.

둘째 사례는 MIT 대학의 Billion Prices Project입니다(http://bpp.mit.edu/). 이 프로젝트의 목표는 온라인에서 수백만 물품에 대한 가격을 조사하여 소비자물가지수 CPI(consumer price index)를 산출하는 것입니다. 이제까지 지수는 오프라인에서 수천 개 물품에 대한 가격을 조사하여 작성되어 왔기에, 수치 정보가 온라인에서 나오느냐 아니면 오프라인에서 나오느냐에 근본적 차이가 있습니다. 온라인 조사의 이점은 속도, 즉 시의성(timeliness)입니다. 오프라인 지수가 월 단위로 발표되지만 온라인 지수는 매일 발표될 수 있습니다. 온라인 지수에 흠결이 있을 수 있긴 합니다. 물품 스펙을 검토해야 하는데 온라인에서 그것이 어려운 경우가 있습니다. 그리고 일부 물품은 온라인에선 구입이 가능하지 않을 수 있습니다.

<그림 2>를 보세요. 미국에 적용된 온라인 지수와 오프라인 지수 CPI를 비교한 것입니다. 약간의 차이가 나타납니다만 추세 변동의 패턴이 대체로 일치하지 않습니까?

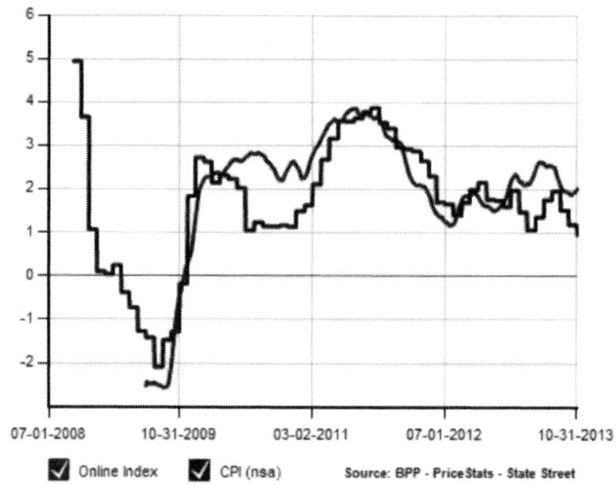


<그림 2> 미국의 소비자물가지수(연간): 온라인 vs. 오프라인
https://images.app.goo.gl/oxP1BiUkkFcYh2x56

<그림 2>에서 두 지수가 거의 같은데 굳이 새 지수가 가치가 있는가를 물을 수 있습니다. 답은 그렇다는 것입니다. 시의성에서 큰 차이가 있기 때문입니다. 또한 온라인 지수엔 다른 이점도 있습니다. <그림 3>에서 아르헨티나(Argentina)의 온라인 지수와 오프라인 지수가 어떤 차이가 있는가를 살펴보세요. 독재 정권하의 정부가 공식 통계를 조작하였음이 명백하지 않습니까?

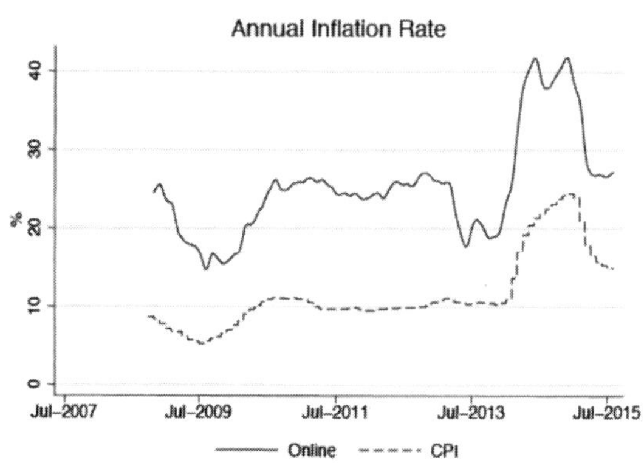


<그림 3> 아르헨티나의 소비자물가지수(연간): 온라인 vs. 오프라인
https://voxeu.org/article/billion-prices-project

## 1.4 기계학습과 인공지능

'빅' 데이터는 광석 더미에 비유됩니다. 그것 자체에 가치가 있기보다는 잘 정제되어야 비로써 가치가 나옵니다. 광석을 다루는데 여러 종류의 도구가 필요하듯이 데이터를 다루는 데도 여러 분석(分析, 나누고 깨는) 도구가 필요합니다.

첫째 도구는 데이터를 기술(記述, description)하는 방법입니다. 데이터에 대한 수치요약과 시각화, 군집화가 여기에 속합니다.

둘째 도구는 모형화 방법입니다. 모형(模型, model)이란 말 그대로 '가짜 틀'입니다. 이것을 통하여 분석자는 데이터에 내재된 인과적 관계를 포착하여 목표변수에 대한 예측 또는 설명을 합니다. 통계적 모형화에 있어 최근의 동향은 틀의 유연성인데, 이것은 계산집중적(computer-intensive) 알고리즘으로 짜인 모형화 방법인 기계학습(machine learning)으로 만들어집니다.

최근 시대의 화두인 인공지능(artificial intelligence)은 기계학습이 적용되어 현실에서 모습이 드러나는 성과물입니다. 예를 들어 카드결제의 승인 시스템은 '빅' 데이터로 만든 기계학습이 구현된 것이고 이런 응용이 인공지능의 한 모습입니다. 인간이 아닌 컴퓨터가 카드결제 승인 여부를 판단한 것으로 볼 수 있습니다. 그런 시스템을 만든 것은 인간입니다. 그러니 인공지능에 겁내지 않아도 됩니다.

**읽을거리:** "빅 데이터"를 구글링해보세요. 아무거나 2-3개 읽어보면 됩니다. 아니면 아래에 책 몇 권을 소개하니 도서관에서 1권을 찾아 읽어보세요.

- 장동인 (2014). 빅 데이터로 일하는 기술, 한빛 미디어.
- 정용찬 (2013). 빅 데이터, 커뮤니케이션북스.
- 조성준 (2019). 세상을 읽는 새로운 언어, 빅 데이터. 21세기북스.
- 조재근 (2018). 통계학, 빅 데이터를 잡다. 한국문학사.

**볼거리:** "통계의 역사", 조승연의 탐구생활 https://youtu.be/YlGMHmzeW3Y

# 1.A 부록: R 설치

R은 통계 계산(statistical computing)과 그래픽스를 위한 무료 소프트웨어입니다. R은 Python과 더불어 데이터 사이언스에서 가장 많이 활용되는 컴퓨터 언어이기도 합니다. 공식 웹사이트는 https://www.r-project.org/이고 거기서 R 소프트웨어를 다운로드 받을 수 있습니다.

2021년 3월 현재, 최신의 R 버전은 4.04입니다. <그림 A.1>은 R 버전 4.0.4의 첫 화면입니다.

R 작업은 코딩으로 실행됩니다. 다시 말하여, R의 언어로 작문을 합니다. 우리가 일상적으로 한국어와 영어와 같은 자연어로 소통하는 것과 같습니다.

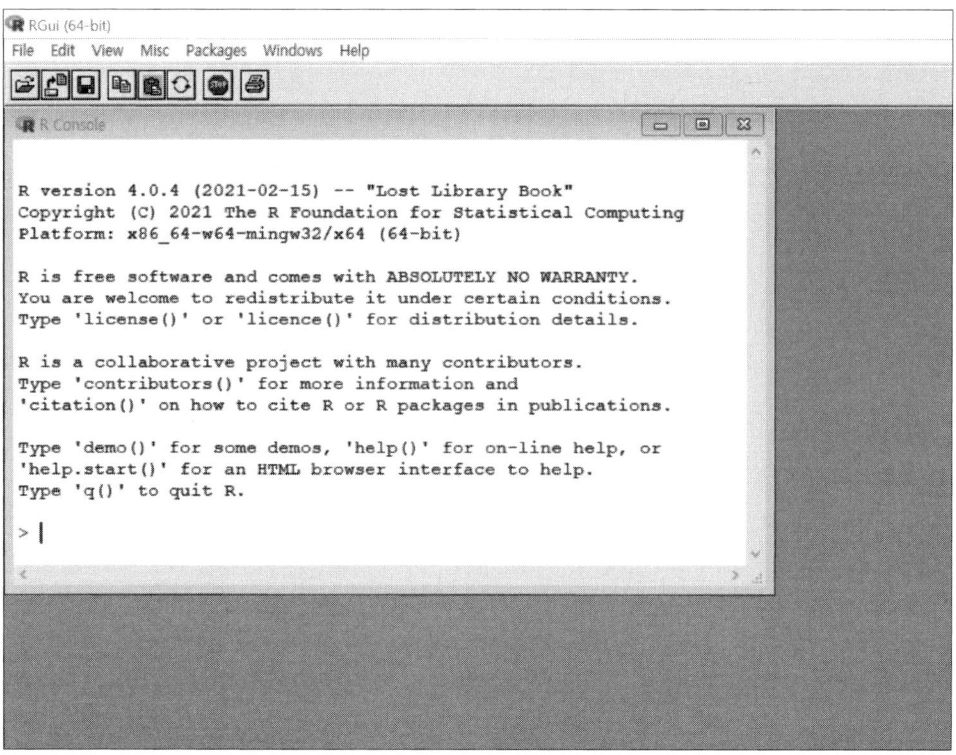


<그림 A.1> R 화면

R은 오픈 소스의 컴퓨팅 생태계입니다. 수많은 사용자들이 자발적으로 만들어 기여한 패키지가 큰 자산입니다. 패키지 설치는 RGui 메뉴에서

`Packages ▸ Install package(s)`

로 합니다(이를 위해 먼저 R이 "관리자 권한으로 실행"되어야 합니다).

R 스크립트는 RGui 메뉴에서

`File ▸ New Script`

로 합니다. 기존의 R 스크립트를 열려면 같은 메뉴에서 **Open Script**를 합니다.

R 코딩은 스크립트 창에 합니다. 스크립트의 일부 블록을 선택하고 F9 키를 누르면 그 부분이 실행됩니다(Run line or selection; Ctrl+R).

작성된 R 스크립트를 저장하려면 같은 메뉴에서 **Save**를 합니다. RGui 메뉴에서

`File ▸ Exit`

을 하면 R에서 빠져나올 수 있습니다.

## 1.B 부록: Python 설치

Python은 가장 많은 데이터 사이언티스트들이 사용하는 오픈소스의 프로그래밍 언어입니다. Python 설치 및 운영 환경에 다수의 방식이 있어 초보자들에게는 오히려 혼란스럽기도 한데, 나는 여러분에게 아나콘다(Anaconda)를 추천합니다.

아나콘다의 홈페이지 https://www.anaconda.com에 들어가면 Anaconda Individual Edition을 무료로 다운로드하여 설치할 수 있습니다. 설치 과정에 대한 상세한 도움이 필요하다면 구글에 "아나콘다 설치"를 넣어보세요.

아나콘다의 설치를 마치면 몇 종의 소프트웨어를 사용할 수 있는데 그 중 대표적인 것은 주피터 노트북(Jupyter Notebook)과 스파이더(Spyder)입니다. 주피터 노트북은 웹 브라우저에서 작동되며 깔끔한 대화식 운영이 장점입니다. 스파이더는 <그림 A.2>의 분할 창으로 보여지는데 이들 창은 각각 스크립트, 파일 탐색, 로그 및 출력 등의 역할을 맡습니다. 나는 주로 스파이더를 활용합니다.

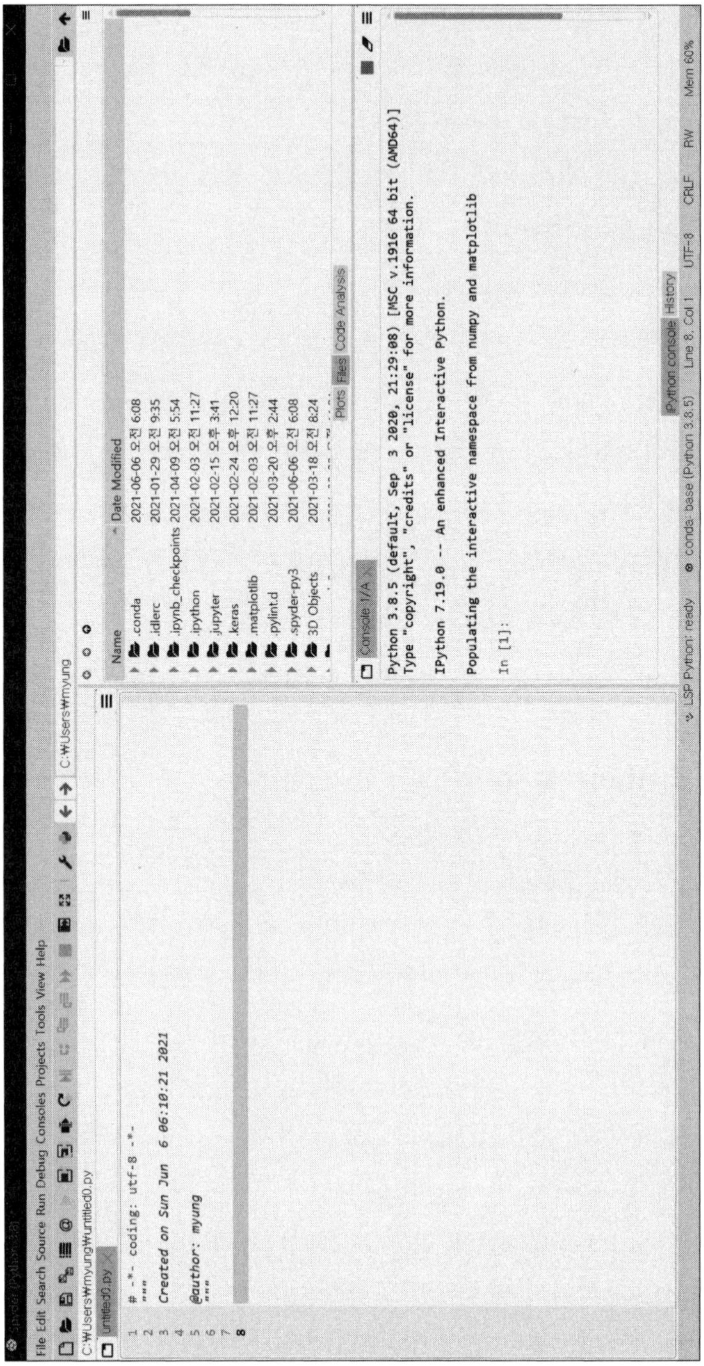


<그림 A.2> 파이썬 스파이더 화면

파이썬 코딩은 <그림 A.2>의 왼쪽 창에 합니다. 스크립트의 일부 블록을 선택하고 F9 키를 누르면 그 부분이 실행됩니다(Run selection or current line). 작성된 파이썬 스크립트는 File 메뉴의 Save로 저장됩니다(확장자 `.py`).

스파이더에는 pandas, numpy, matplotlib, statsmodels, sklearn 등 파이썬의 주요 라이브러리(모듈, 패키지)들이 붙어 있습니다. 만약 여러분들이 쓰려는 라이브러리가 스파이더에 없는 경우에는 Anaconda powershell prompt에서

```
pip install libraryname
```

을 써서 스파이더에 넣습니다. 가용한 파이썬 패키지들의 리스트는 Anaconda powershell prompt에서

```
conda list
```

를 쳐서 얻을 수 있습니다.

R에 비해 파이썬은 사용법에 대한 문서화가 흩어져 있는 편입니다. 이에 따라 꽤 빈번하게 Googling을 하게 됩니다. 물론 영문 및 국문의 참고서적도 상당히 많습니다.

# 2장

# 수치형 데이터의 탐색

# 2장. 수치형 데이터의 탐색

이 장에서는 수치형 데이터를 탐색하는 표준적 방법을 다룹니다. 히스토그램으로 분포의 모습을 살펴보고 다섯 수치 요약으로 압축된 정보를 만듭니다. 더불어 정규분포와 특이점, 상자그림 등 데이터 기술(description)의 기본을 다룹니다.

## 2.1 수치형 변수의 분포

<표 1>은 27명 조선 왕의 수명(life)과 재위기간(period)의 데이터입니다. 이 보기에서 관측의 개체는 왕이며 측정된 특성은 수명과 재위기간입니다. 대다수의 데이터 분석은 이처럼 $n$개 개체(unit) 각각에서 $p$개 특성(feature; 변수, variable)의 관측값들이 직사각 형태로 배열된 구조물을 다룹니다. R에서 이런 직사각 형태의 데이터를 "데이터 프레임(data frame)"이라고 합니다. <표 1>의 데이터 프레임에서 $n=27$이고 $p=3$입니다. 다음은 이것을 읽는 R 스크립트입니다.[1)]

```
> chosun_kings <- read.table("chosun_kings.txt", header=TRUE)
> str(chosun_kings)
'data.frame':   27 obs. of  3 variables:
 $ name  : Factor w/ 27 levels "경종","고종",..: 23 20 24 10 ...
 $ life  : int  73 62 55 53 38 16 51 20 37 30 ...
 $ period: int  7 2 18 32 2 2 13 1 25 12 ...
```

<표 1>의 데이터 프레임 "chosun_kings"에서 왕의 수명(life)을 봅시다. 앞에서부터 73, 62, 53, 52, ... 등입니다. 이렇듯 수치값을 취하는 변수에 대하여 데이터 사이언티스트가 취할 첫 번째 작업은 히스토그램(histogram) 그리기입니다. 그 결과를 <그림 1>에서 보세요.

1) 선행조치로 읽을 데이터 파일의 위치가 R에서 `setwd()`로 제대로 지정되어야 합니다. 다음 보기를 참조하세요(역 slash 두 개에 유의).

```
> setwd("C:\\Users\\...\\r_scripts")
```

<표 1> 조선 왕의 수명과 재위기간("chosun_kings.txt")

```
name life period
태조 73  7
정종 62  2
태종 55 18
세종 53 32
문종 38  2
단종 16  2
세조 51 13
예종 20  1
성종 37 25
연산 30 12
중종 56 39
인종 30  1
명종 33 22
선조 56 41
광해 66 15
인조 54 27
효종 40 10
현종 33 15
숙종 59 46
경종 36  4
영조 82 52
정조 48 24
순조 44 34
헌종 22 15
철종 32 14
고종 67 43
순종 52  4
```

* 변수 구분자가 콤마(",")인 파일을 csv(comma separated variables) 파일이라고 합니다. 실습 파일로 제공된 "chosun_kings.csv"를 윈도우즈 메모장(Notepad)에서 열어보세요.

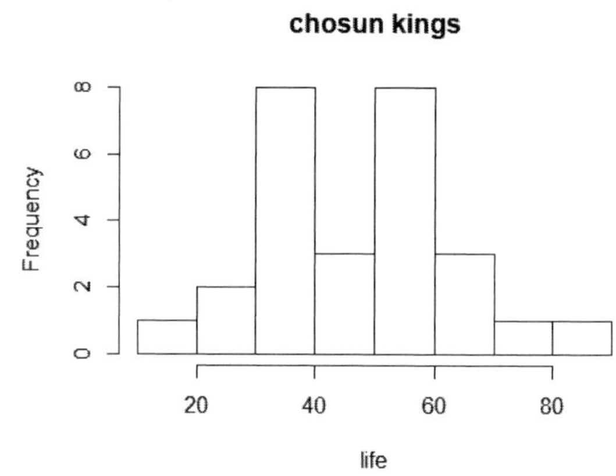


<그림 1> 조선 왕의 수명: 히스토그램

```
> attach(chosun_kings)
> hist(life, xlab="life", right=FALSE, main="chosun kings")
```

왕의 수명 **life**에 대한 히스토그램에서 다음과 같은 것들을 볼 수 있습니다(R에서 그래프의 크기와 형태는 마우스로 조정가능).

- 데이터 값의 범위(range): 조선 왕의 수명(life)은 0부터 100 사이에 퍼져있다. 정확히 말하자면 최솟값은 0 이상이고 최댓값은 100 미만이다.
- 빈도집중영역(modal region): <그림 1>에서는 [30, 40)과 [50, 60), 즉 30대와 50대이다. 특이하게도 그 사이인 [40, 50), 즉 40대는 빈도가 작다.
- 분포의 대칭성 여부: 이 사례에서 분포가 대체적으로 대칭적이다.

예를 하나 더 보기로 합시다. <그림 2a>는 조선 왕의 재위기간(period)에 대한 히스토그램입니다. 그런데 너무 밋밋하여 구간의 수를 늘려 다시 그렸습니다.

```
> hist(period, xlab="period", right=FALSE, main="chosun kings")
> hist(period, xlab="period", right=FALSE, nclass=10, main="chosun kings")
```

<그림 2b>의 재위기간 히스토그램에서는 다음을 볼 수 있습니다.

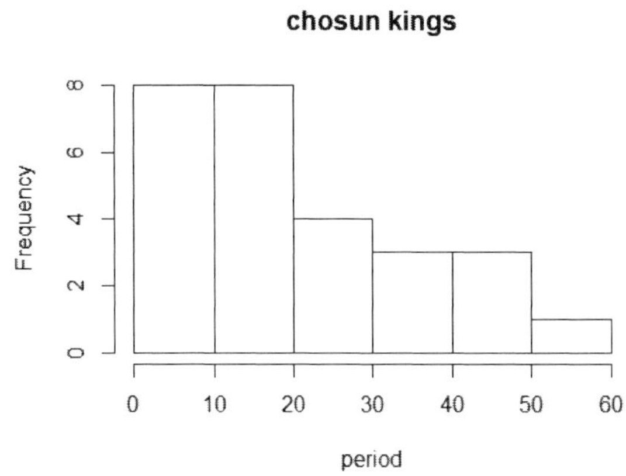


<그림 2a> 조선 왕의 재위기간 (a): 히스토그램

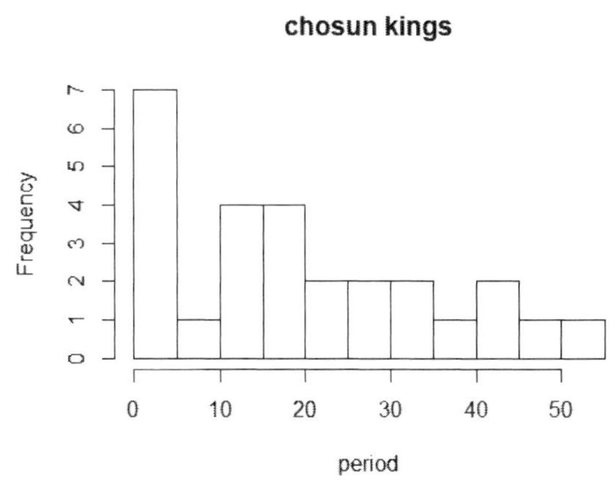


<그림 2b> 조선 왕의 재위기간 (b): 히스토그램

- 데이터값의 범위(range): 왕의 재위기간이 50년을 넘은 예가 있다(영조).
- 빈도집중영역(modal region): 5년 미만이 가장 많다.
- 분포의 대칭성 여부: 분포는 오른 쪽으로 하강하는 지수함수 형이다. 분포가 오른쪽으로 기운 형태이다(skewed to the right).

## Python의 활용

파이썬에서는 다음으로 "chosun_kings.csv" 파일을 읽을 수 있습니다.

```
import pandas as pd
import numpy as np
import matplotlib.pyplot as plt

kings = pd.read_csv("C:\\Users\\...\\chosun_kings.csv", encoding="euc-kr")
```

여기서 "C:\\Users\\...\\"은 "chosun_kings.csv"의 위치입니다(역 slash 두 개에 유의). 또는 다음과 같이 입력 파일의 위치를 별 행에 지정하고 나서 데이터를 읽습니다.

```
input_file = "C:\\Users\\...\\chosun kings.csv"
kings = pd.read_csv(input_file, encoding="euc-kr")
```

이렇게 읽은 데이터세트 kings는 판다스의 데이터 프레임입니다. 그리고 크기는 27행, 3열입니다.

```
type(kings)          # pandas.core.frame.DataFrame
kings.shape          # (27, 3)
```

판다스 데이터세트 kings의 앞 부분과 뒷 부분은 다음과 같습니다.

```
kings.head()
#     name  life  period
# 0   태조    73       7
# 1   정종    62       2
# 2   태종    55      18
# 3   세종    53      32
# 4   문종    38       2

kings.tail()
#      name  life  period
# 22   순조    44      34
```

```
# 23  헌종   22   15
# 24  철종   32   14
# 25  고종   67   43
# 26  순종   52    4
```

**kings**의 2개 변수 열 **life**와 **period**의 파이썬 유형은 판다스 시리즈입니다.

```
type(kings.life)          # pandas.core.series.Series
type(kings.period)        # pandas.core.series.Series
```

이제 **life**와 **period** 각각에 대하여 히스토그램을 그려보겠습니다.2)

```
fig, ax = plt.subplots(figsize=(6, 4))
plt.hist(kings.life, bins=range(0,100,10), histtype="bar",
    color="lightgray", edgecolor="gray")
plt.title("Chosun Kings")
plt.xlabel("Life Years")
plt.show()

fig, ax = plt.subplots(figsize=(6, 4))
plt.hist(kings.period, bins=range(0,100,10), histtype="bar",
    color="lightgray", edgecolor="gray")
plt.title("Chosun Kings")
plt.xlabel("Period Years")
plt.show()
```

2) **range(0,100,10)**은 리스트 **[0, 10, ..., 90]**과 동일합니다. 파이썬에서는 구간(bin)을 지정해줘야 히스토그램이 깔끔하게 나옵니다.

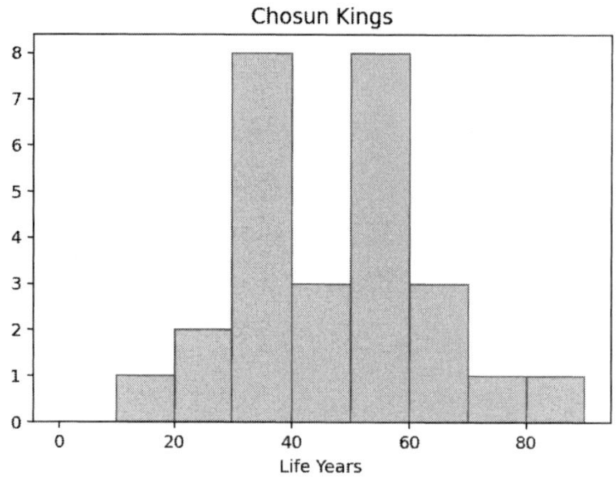


<그림 1-1> 조선 왕의 재위기간: 파이썬 히스토그램

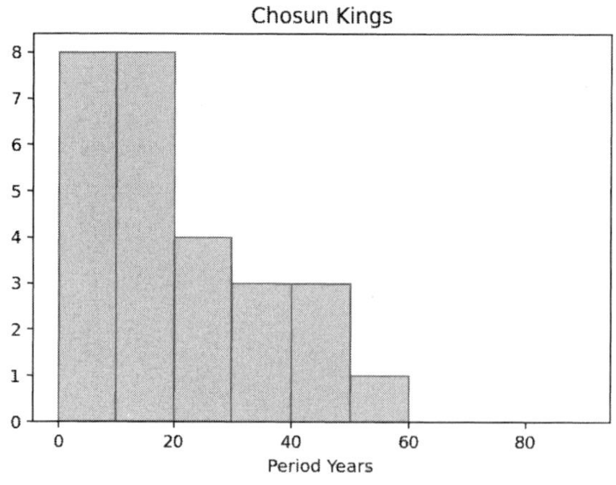


<그림 2-1> 조선 왕의 재위기간: 파이썬 히스토그램

## 2.2 다섯 수치 요약

개별 수치형 변수를 몇 개의 수치로 줄이는 요약은 데이터의 축약에 꼭 필요한 작업입니다. 조선 왕들은 대략 몇 년 정도 살았는지, 대략 몇 년 정도 재위하였는지 말입니다.

수치형 변수에 대하여 으뜸 되는 요약은 중간값(median, 중위수)입니다. 일변량 데이터 $x_1, x_2, \cdots, x_n$에 대한 중간값 $M$은

1) $n\,(=2m-1)$이 홀수인 경우, $M = x_{(m)}$
2) $n\,(=2m)$이 짝수인 경우, $M = \frac{1}{2}(x_{(m)} + x_{(m+1)})$

로 정의됩니다. 여기서 $x_{(i)}$는 $x_1, x_2, \cdots, x_n$을 순서 정렬하였을 때 $i$번째 값입니다(즉 $x_{(1)} \leqq x_{(2)} \leqq \cdots \leqq x_{(n)}$). 따라서 중간값은 말 그대로 딱 중간에 있습니다. 앞에서 접한 조선 왕 수명과 재위기간의 중간값은

```
> median(life)
[1] 48
> median(period)
[1] 15
```

입니다. 즉 중간 수명은 48세이고 중간 재위기간은 15년입니다.

중간값은 데이터의 중심(center)을 알려주는 요약입니다. 그런데 데이터의 산포(散布, 퍼짐; spread)도 정보로서 상당히 의미가 있습니다. 산포 요약으로서 2개 사분위수(quartile) $Q_1$과 $Q_3$의 활용을 추천합니다.

데이터 값을 순서 정렬하였을 때, $Q_1$과 $Q_3$는

$Q_1$ (아래 4분위수): 작은 값 쪽으로 1/4 위치에 있는 데이터 값,
$Q_3$ (위 4분위수): 큰 값 쪽으로 1/4 위치에 있는 데이터 값

으로 정의됩니다. 개념적으로는 명확하지만 실제 계산에서는 여러 계산공식이 있습니다. 그러나 실제 데이터에 적용되었을 때 공식 간 차이가 사소하므로 더 이상 파고들지 않겠습니다.

조선 왕 수명과 재위기간의 2개 사분위수는 다음과 같습니다.

```
> quantile(life, prob=c(0.25, 0.75))
25% 75% 
 33  56 
> quantile(period, prob=c(0.25, 0.75))
 25%  75% 
 5.5 29.5 
```

대략 말하자면, 왕의 절반은 33세-56세 정도 살았고 4명 중 1명은 33세보다 작게, 4명 중 1명은 56세보다 더 살았습니다. 왕의 절반은 6년에서 29년 사이 재위하였고 4명 중 1명은 5년 이하, 4명 중 1명은 30년 이상 재위하였습니다.

최솟값(minimum)과 최댓값(maximum)은 데이터 값의 범위(range)를 알려줍니다. 두 값이 불안정하기는 하지만 산포에 대한 정보가 됩니다.

```
> range(life)
[1] 16 82
> range(period)
[1]  1 52
```

이제까지 소개된 수치요약은 모두 다섯 개입니다. 즉 중간값, 위・아래 사분위수, 최솟값・최댓값입니다. 이들이 다섯 숫자 요약(five number summary)입니다.

```
> quantile(life, prob=c(0, 0.25, 0.5, 0.75, 1))
  0%  25%  50%  75% 100% 
  16   33   48   56   82 
> quantile(period, prob=c(0, 0.25, 0.5, 0.75, 1))
  0%  25%  50%  75% 100% 
 1.0  5.5 15.0 29.5 52.0 
```

탐구 1. 여러분이 수강한 과목에서 중간시험의 결과가 나왔는데 다섯 숫자 요약이 (16, 33, 48, 56, 82)점이었다고 합시다(100점 만점). 52점을 받은 A는 어느 정도 한 것일까요? 60점을 받은 B는 어느 정도 한 것일까요?

## Python의 활용

파이썬에서는 다음과 같이 다섯 숫자요약을 산출합니다. `kings` 데이터의 `life`와 `period`에 적용하겠습니다.

중위수:

```
median(kings.life)                          # 48.0
```

범위[3], 즉 최솟값과 최댓값:

```
[min(kings.life), max(kings.life)]          # [16, 82]
```

4분위수:

```
np.quantile(kings.life, [0.25, 0.75])       # array([33., 56.])
```

최솟값과 최댓값:

```
np.quantile(kings.life, [0, 1])             # array([16, 82], dtype=int64)
```

수치요약 (데이터의 개수, 평균과 표준편차 포함):

```
kings.describe()
#              life     period
# count   27.000000  27.000000
# mean    46.111111  19.259259
# std     16.678714  15.383789
# min     16.000000   1.000000
# 25%     33.000000   5.500000
# 50%     48.000000  15.000000
# 75%     56.000000  29.500000
# max     82.000000  52.000000
```

수치요약 (앞과 동일; 소수점 아래 1자리에서 반올림):

```
kings.describe().round(1)
#         life  period
# count   27.0    27.0
# mean    46.1    19.3
# std     16.7    15.4
```

3) 범위는 영어로 range이지만 파이썬에서는 range() 함수를 특별한 수치 열을 만드는 데 쓰므로 데이터 기술(description)의 목적으로는 쓸 수 없습니다.

```
# min    16.0    1.0
# 25%    33.0    5.5
# 50%    48.0   15.0
# 75%    56.0   29.5
# max    82.0   52.0
```

## 2.3 정규분포, 평균과 표준편차

정규분포(normal distribution, Gaussian distribution) $N(\mu, \sigma)$의 밀도함수는

$$f(x; \mu, \sigma) = \frac{1}{\sqrt{2\pi}\,\sigma} \exp\left\{-\frac{1}{2\sigma^2}(x-\mu)^2\right\}, \quad -\infty < x < \infty$$

입니다($\sigma > 0$). 이 분포가 통계학에서 사용 빈도가 가장 큰 분포일 것입니다.4)

<그림 3>은 "표준정규분포" $N(0,1)$의 경우인데, 일반적으로 이 분포의 밀도는 $x=\mu$를 중심으로 대칭이고 $x=\mu\pm\sigma$에 변곡점이 있습니다. 또한 다음과 같은 확률을 갖습니다.

- $P\{-0.675\sigma \leqq X-\mu \leqq 0.675\sigma\} = 0.5$, (*)
- $P\{-\sigma \leqq X-\mu \leqq \sigma\} = 0.683$,
- $P\{-1.96\sigma \leqq X-\mu \leqq 1.96\sigma\} = 0.95$,
- $P\{-2.58\sigma \leqq X-\mu \leqq 2.58\sigma\} = 0.99$.

수리통계학에서 잘 알려진 사실은 $x_1, x_2, \cdots, x_n$이 정규분포 $N(\mu, \sigma)$로 생성된 경우, 미지의 파라미터 $\mu$와 $\sigma$에 대한 최량의 추정치는 표본평균(sample mean)과 표본표준편차(sample standard deviation), 즉

$$\hat{\mu} = \bar{x} \ \left(= \frac{1}{n}\sum_{i=1}^{n} x_i\right), \qquad \hat{\sigma} = s \ \left(= \sqrt{\frac{1}{n-1}\sum_{i=1}^{n}(x_i-\bar{x})^2}\right),$$

입니다. 종합하면, 관측값 $x_1, x_2, \cdots, x_n$이 정규분포를 "잘" 따르는 경우, 분포의 중심 $\mu$를 $\bar{x}$로 추정하고 산포 $\sigma$를 $s$로 추정하는 것이 최선입니다.

4) 그렇다고 가장 많은 사례에 정규분포가 적용된다고 말할 수 없습니다.

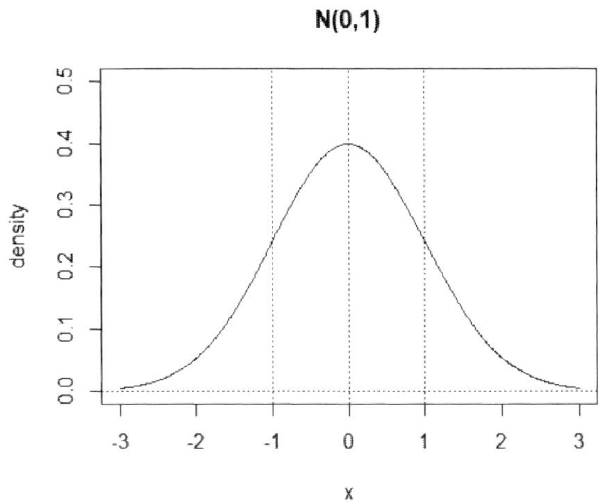


<그림 3> 표준정규분포 $N(0,1)$의 밀도함수

조선 왕의 수명과 재위기간의 평균과 표준편차는 각각 다음과 같습니다.

```
> round(c(mean(life), sd(life)), 1)
[1] 46.1 16.7
> round(c(mean(period), sd(period)), 1)
[1] 19.3 15.4
```

탐구 2. 조선 왕의 평균수명 46.1세는 무엇을 의미합니까? 표준편차 16.7은?

<그림 1>의 수명 분포가 대칭적이기는 하지만 정규분포와는 뚜렷한 차이가 있어 보인다는 점을 감안하여 답할 필요가 있습니다.

일반적으로, 표본평균 $\bar{x}$와 표본표준편차 $s$는 “로버스트”(robust, 튼실)하지 않습니다. 무슨 이야기냐면, 데이터 값 $x_1, x_2, \cdots, x_n$의 일부가 흔들리게 되면 그 영향이 $\bar{x}$와 표본표준편차 $s$에 쉽게 전이됩니다. 이것은 통계적 정보의 불안정성을 의미하므로 좋지 않습니다. 반면, 중간값 $M$과 위・아래 4분위수는 상대적으로 로버스트합니다. 이에 따라 정규분포 $N(\mu, \sigma)$의 2개 파라미터 $\mu$와 $\sigma$를

$$\tilde{\mu} = M, \quad \tilde{\sigma} = \frac{1}{1.35}(Q_3 - Q_1)$$

로 추정하는 것이 "로버스트"성의 관점에서 바람직합니다.5)

조선 왕 수명의 평균과 표준편차에 대한 로버스트 추정치는 다음과 같습니다.

```
> q.life <- quantile(life, prob=c(0.25, 0.5, 0.75))
> round(unname(c(q.life[2], (q.life[3]-q.life[1])/1.35)), 1)
[1] 48 17
```

재위기간에 대하여 $\mu$와 $\sigma$는 아래와 같이 추정될 수는 있지만 별 의미가 없습니다. 이 변수의 분포가 전혀 정규적이지 않기 때문입니다.

```
> q.period <- quantile(period, prob=c(0.25, 0.5, 0.75))
> round(unname(c(q.period[2], (q.period[3]-q.period[1])/1.35)), 1)
[1] 15.0 17.8
```

## Python의 활용

파이썬에서는 다음과 같이 평균과 표준편차를 산출합니다. kings 데이터의 life에 적용하겠습니다.

```
[mean(kings.life), std(kings.life)]
# [46.111111111111114, 16.366934447534042]
[round(mean(kings.life), 1), round(std(kings.life), 1)]
# [46.1, 16.4]
```

$\tilde{\mu}$와 $\tilde{\sigma}$를 다음과 같이 산출할 수 있습니다.

```
quartile = np.quantile(kings.life, [0.25, 0.75])
sigma_tilde = (quartile[1] - quartile[0])/1.35
mu_tilde = np.median(kings.life)
[round(mu_tilde, 1), round(sigma_tilde, 1)]          # [48.0, 17.0]
```

5) 1.35로 나누는 이유는 앞 페이지의 수식 (*)와 관련이 있습니다.

## 2.4 특이점과 상자그림

어떤 데이터 값은 주 덩어리로부터 "툭" 떨어져 나와 있는 경우가 있습니다. 이런 데이터 값이 특이점(outlier, 이상점)입니다. 개념적으로는 그렇지만 실제로 어떤 특정 값을 경계로 해야 하는데 이것의 규정이 관건입니다.

특이점을 규정하는 일반적 방법은 다음과 같습니다.

[1] 정상적인 데이터 값들이 특정 유형의 분포 $F(x;\theta)$로부터 생성된다고 전제합니다(여기서 $\theta$는 unknown parameter).

[2] $\theta$를 적합해냅니다(추정치를 $\tilde{\theta}$로 표기). "로버스트"한 추정치가 선호됩니다.

[3] 확률분포 $F(x;\tilde{\theta})$의 외곽 1% 영역에 들어가는 데이터 값을 특이점으로 선언합니다.

정상적 분포의 특정 유형이 정규분포 $N(\mu,\sigma)$인 경우 $(\theta=(\mu,\sigma))$, "상자그림(box plot)"의 특이점 규정은 다음과 같습니다.

[1] $x_1, x_2, \cdots, x_n$ 중 정상적인 값들은 $N(\mu,\sigma)$로부터 생성된다고 전제합니다.

[2] $\tilde{\sigma}=(Q_3-Q_1)/1.35$.

[3] 정규분포 $N(\mu,\sigma)$의 상・하위 0.5% 분위수는 $cut_{0.005}=\mu\pm 2.58\sigma$이고

$$cut_{0.005}=\mu\pm 2.58\sigma=\mu\pm 0.675\sigma\pm 1.905\sigma$$

입니다. 그런데 $\mu\pm 0.675\sigma$는 $Q_1$과 $Q_3$에 의하여, $1.905\sigma$는 $1.905(Q_3-Q_1)/1.35$, 즉 $1.4(Q_3-Q_1)$로 추정되므로 $cut_{0.005}$의 아래・위 값은

$$Q_1-1.4(Q_3-Q_1),\ Q_3+1.4(Q_3-Q_1) \tag{1}$$

입니다. 실제로는 식 (1)에서 1.4를 1.5로 대치시켜 특이점 경계를 약간 더 바깥쪽에 잡습니다. 이에 따라 상자그림에서 다음 두 값의 바깥이면 특이점으로 규정합니다.

$$Q_1-1.5(Q_3-Q_1),\ Q_3+1.5(Q_3-Q_1) \tag{2}$$

수치 예: 다음은 "R 프로그래밍" 과목에서 수강생 46명의 탐구발표 점수입니다.

| | | | | | | | | | |
|---|---|---|---|---|---|---|---|---|---|
| 5 | 10 | 16 | 11 | 12 | 10 | 8 | 9 | 13 | 10 |
| 13 | 13 | 4 | 14 | 12 | 9 | 7 | 4 | 24 | 4 |
| 4 | 12 | 8 | 13 | 4 | 11 | 4 | 5 | 3 | 6 |
| 12 | 7 | 13 | 7 | 9 | 9 | 13 | 10 | 9 | 10 |
| 8 | 6 | 10 | 8 | 7 | 6 | | | | |

상자그림 방법에 따라 특이점이 있는지 살펴봅시다. 우선 2개의 사분위수를 구합니다: $Q_1 = 6.25$, $Q_3 = 12$. 따라서 $Q_3 - Q_1 = 5.75$. (2)의 두 값은

$$Q_1 - 1.5\,(Q_3 - Q_1) = 6.25 - 1.5*5.75 = -2.375,$$

$$Q_3 + 1.5\,(Q_3 - Q_1) = 12 \quad + 1.5*5.75 = \ 20.625$$

입니다. 하한은 음수이므로 이 값보다 작은 점수는 없습니다. 상한이 20.625 인데 이 값보다 큰 점수가 하나 있습니다. 19번째 데이터 값 "24"가 특이점!

```
> project <- read.csv("project scores.csv", header=TRUE)
> str(project)
'data.frame':   46 obs. of  1 variable:
 $ score: int  5 10 16 11 12 10 8 9 13 10 ...
> q <- quantile(project$score, prob=c(0.25,0.5,0.75))
> lower <- q[1] - 1.5*(q[3]-q[1])
> upper <- q[3] + 1.5*(q[3]-q[1])
> c(lower, upper)
   25%    75%
-2.375 20.625
> project$score[project$score < lower | project$score > upper]
[1] 24
```

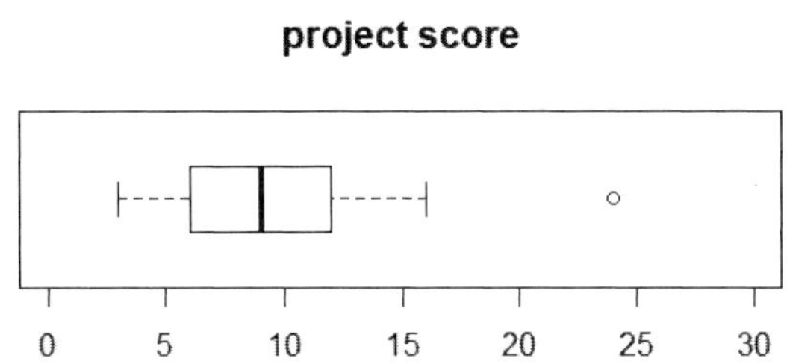

<그림 4> 특이점이 표시된 상자그림

탐지된 특이점을 어떻게 처리해야 할까요? 여러 가능성을 고민해봐야 합니다.

1) "엉터리" 값: 측정이나 관측, 또는 입력에서의 오류일 가능성이 있습니다.
2) "특별한" 값: 이런 케이스에 대한 탐구가 "노벨"상에 이르기도 합니다.

전자의 경우로 판단된다면 제대로 된 값을 구하여 넣거나 결측(missing)으로 처리하는 것이 좋습니다. 후자의 경우로 판단된다면 그 값을 존중하여야 합니다.[6)]

이제 "상자그림"(box plot)을 소개하고자 합니다.[7)] <그림 4>를 보세요.

1) 양 끝이 아래 사분위수와 위 사분위수인 상자를 그립니다. 중간값(median) 위치에 상자 중앙선을 넣습니다.
2) 특이점 경계 안쪽에서 위치하되 경계와 가장 가까운 2개 자료 점과 상자의 양 끝(사분위수)을 끈으로 연결합니다(2개의 선이 나타남).
3) 특이점이 있는 경우 해당 값을 점으로 넣습니다.

```
> boxplot(project$score, horizontal=TRUE, ylim=c(0,30), main="project score")
```

상자그림에는 다섯 수치 요약(five summary)이 반영됩니다. 추가로 특이점의 존재 여부도 알 수 있습니다. 다음 장에서 집단 간 비교를 다룰 터인데 거기서 상자그림이 대활약을 합니다.

6) 실제 24점을 받은 학생은 특출한 경우여서 20점 만점에 24점을 취득하였습니다.
7) 이 그림은 EDA(Exploratory Data Analysis, 탐색적 데이터 분석), 더 넓게는 데이터 사이언스의 선구자인 John W. Tukey(1915-2000)가 제안하였습니다.

## Python의 활용

project_scores 데이터 (= scores)의 score에 대한 상자그림을 그려보겠습니다. seaborn 패키지의 boxplot() 함수를 활용합니다.

```
import seaborn as sns

input_file = "C:\\Users\\...\\project_scores.csv"
scores = pd.read_csv(input_file)
scores.shape                                              # (46, 1)
scores.head()
#    score
# 0      5
# 1     10
# 2     16
# 3     11
# 4     12
sns.boxplot(x = scores.score).set(aspect=2.5)
```

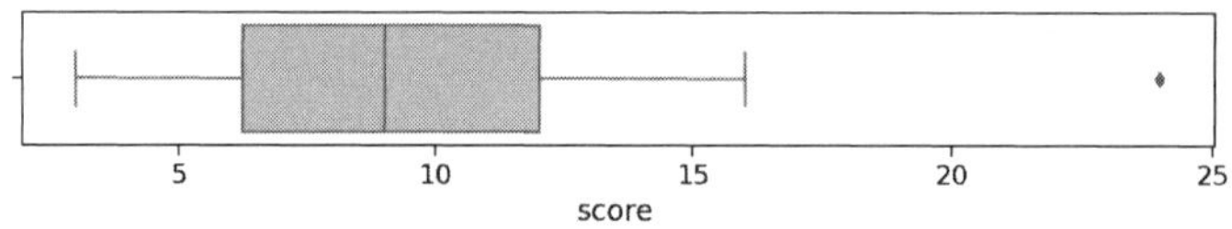


<그림 4-1> 특이점이 표시된 파이썬 상자그림

## 2.5 집단 간 비교

데이터 분석의 가장 큰 유형은 집단 간 비교(comparison between groups)입니다. 집단 A와 집단 B의 수치들을 비교하여 평가하자는 것입니다. 이로부터 알게 되는 것들이 현실적으로 중요한 의미가 있기 때문입니다.

MASS 패키지의 Boston 데이터는 미국 보스턴 시의 506개 블록별 중간 주택가격 medv와 관련 정보를 담고 있습니다. <그림 5>는 medv의 히스토그램입니다. 가격이 0부터 50 사이에 걸쳐 있는 것을 볼 수 있습니다. "왜" 이렇듯 차이가 있을까요? 주택가격의 차이에 대한 원인을 찾자는 것입니다. Boston 데이터를 살펴보면 도심으로부터의 거리 dis가 있는 것을 볼 수 있습니다. 도심에 가까운 구역은 슬럼화 되는 경향이 있으므로 도심에서 떨어진 구역에 비교하여 medv가 작을 수 있겠습니다. 이를 확인해봅시다.

편의상 도심으로부터의 거리 dis를 중간값에서 끊어 2개 수준의 인자형 변수로 놓습니다(-> dis.1). dis.1이 작은 집단("inner")과 큰 집단("outer")의 다섯 수치 요약은 다음과 같습니다.

```
> library(MASS)
> data(Boston); names(Boston); attach(Boston)
> hist(medv, main="Boston House Price")
> dis.1 <- cut(dis, breaks=quantile(dis, prob=c(0,0.5,1)),
           labels=c("inner","outer"))
> prob <- c(0,0.25,0.5,0.75,1)
> lapply(tapply(medv, dis.1, quantile, prob=prob), round, 1)
```

tapply(medv, dis.1, quantile, prob=prob) 함수의 적용결과는

```
$inner                          $outer
  0%  25%  50%  75% 100%          0%  25%  50%  75% 100%
 5.0 13.6 18.4 22.6 50.0        12.7 20.3 23.3 28.7 50.0
```

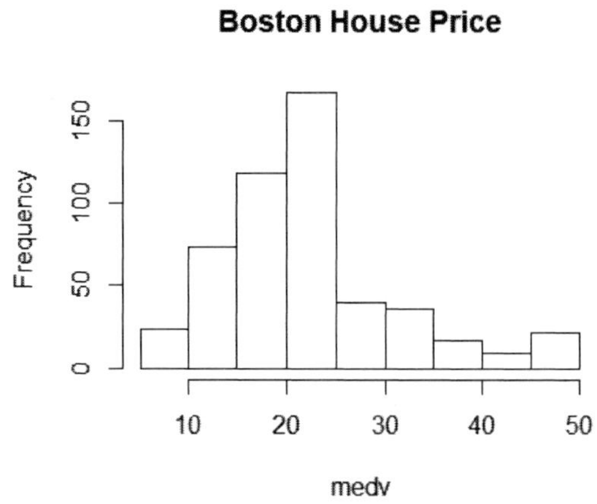


<그림 5> 보스턴 시의 블록별 중간주택가격: 히스토그램

입니다. 도심 집단 "inner"에 비해 외곽 집단 "outer"의 Q1, Med, Q3 등이 모두 크게 나타났습니다. 숫자로도 그렇기는 하지만 이런 것은 상자그림으로 보는 것이 효과적입니다. <그림 6>을 보세요.

```
> boxplot(medv ~ dis.1, main="Boston House Price")
```

이처럼 수치형 데이터를 집단 간 비교하는 경우 집단 별 다섯 수치로 요약하고 상자그림을 그려보면 집단 간 차이를 쉽게 볼 수 있습니다. <그림 6>의 상자그림을 보면 도심 집단 "inner"와 외곽 집단 "outer" 각각에서 특이점들이 다수 발견됩니다. 상자그림이 집단 간 비교를 위해 매우 효과적인 시각화 도구이긴 하지만 개별 집단 내 집락성에 대한 정보는 주지 않습니다.

이런 점을 보완하기 위하여 그린 것이 <그림 7>의 히스토그램입니다. 도심 집단 "inner" 히스토그램과 외곽 집단 "outer" 히스토그램 각각에서 "(특이) 고급 주택군"이 존재를 드러냅니다.

```
> library(lattice)
> histogram(~ medv | dis.1, main="Boston House Price")
```

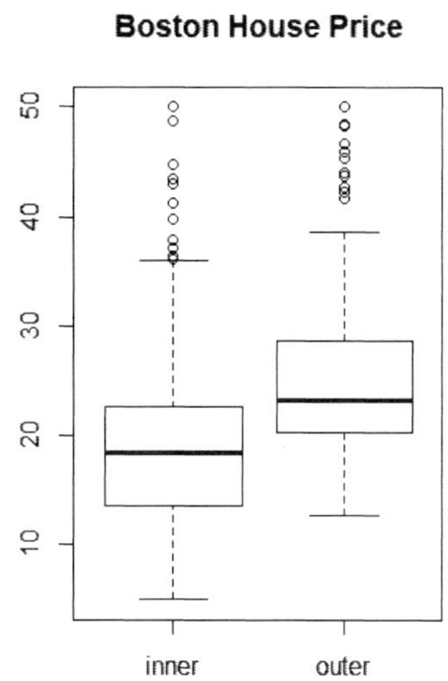


<그림 6> 보스턴 시의 도심 · 외곽 지역의 비교: 상자그림

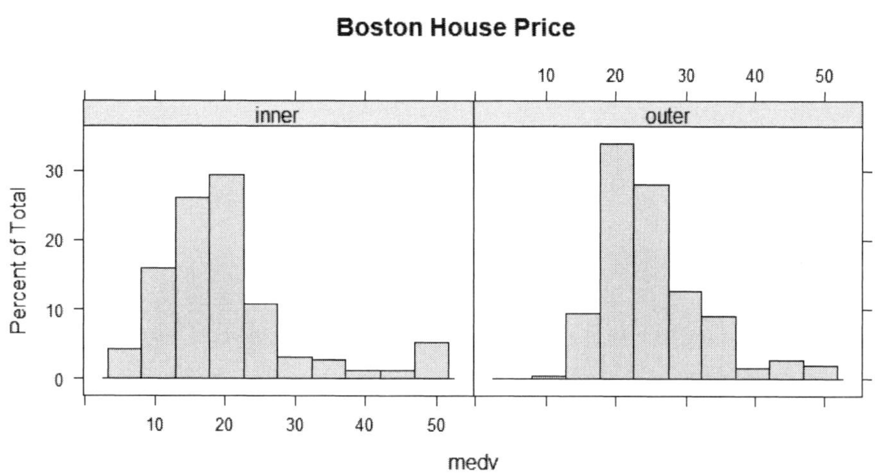


<그림 7> 보스턴 시의 도심 · 외곽 지역의 비교: 히스토그램

앞의 예에서는 일반적 수준(general level)에서 집단 간 차이가 나타났습니다만, 어떤 경우에는 산포(spread)에서도 두 집단이 차이를 드러냅니다. 그런 예를 보겠습니다.

**Boston** 데이터에서 **lstat**는 하층민(low status) 비율입니다. 이 변수를 빈도기준으로 1:2:1로 구분하여(-> **lstat.1**), 중간주택가격 **medv**와 어떻게 관련되어 있는지를 살펴봅시다. <그림 8>이 그 결과입니다. **lstat.1**이 "low"인 집단의 산포는 "high"인 집단의 산포에 비해 곱절이나 됩니다.

```
> lstat.1 <- cut(lstat, breaks=quantile(lstat,
       prob=c(0,0.25,0.75,1)), labels=c("low","MIDDLE","high"))
> boxplot(medv ~ lstat.1, width=c(1,2,1), main="Boston House Price")
```

이 사례에서처럼 중심이 큰 집단에서 산포가 크게 나타나는 경우가 많습니다. 이런 때는 제곱근 변환이나 로그 변환을 시도해볼 필요가 있습니다. <그림 9>를 보세요. 밑수가 2인 로그변환을 **medv**에 적용한 다음,[8] 상자그림으로 3개의 **lstat.1** 집단을 비교해 보여줍니다. 이제 "low" 집단과 "high" 집단은 중심에서만 차이를 보입니다. 다음 절에서 변수변환에 대해 본격적으로 다루려 합니다.

```
> boxplot(log(medv, 2) ~ lstat.1, ..., main="Boston House Price [log_2]")
```

* 이 절에서는 집단 중심의 차이가 통계적으로 유의한가, 즉 차이의 통계적 유의성(statistical significance)은 다루지 않으려 합니다.

탐구 3. **lstat.1** "MIDDLE" 집단의 **medv** 분포를 살펴보세요. 분포의 형태가 정규분포와는 거리가 있어 보입니다. 어떤 분포처럼 보이나요? [감마 분포를 공부해 보십시오.]

---

8) 밑수가 2인 로그로 변환하고 나서 "low" 집단과 "high"은 중심에서 1 정도의 차이를 보입니다. 이는 원척도에서 "low"가 "high"의 2배 정도임을 의미합니다.

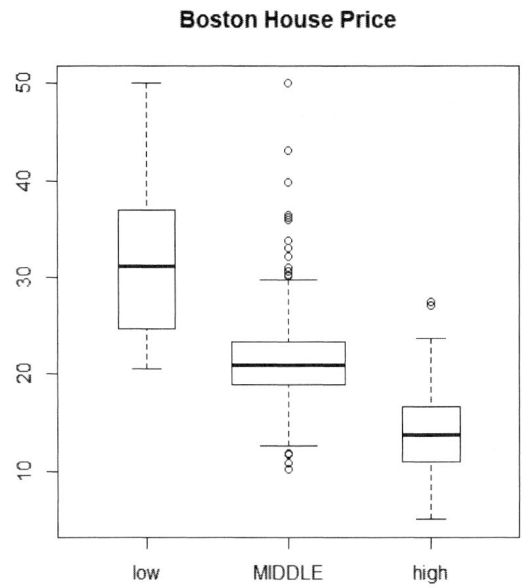


<그림 8> 하층민 비율에 따른 주택가격의 비교: 상자그림

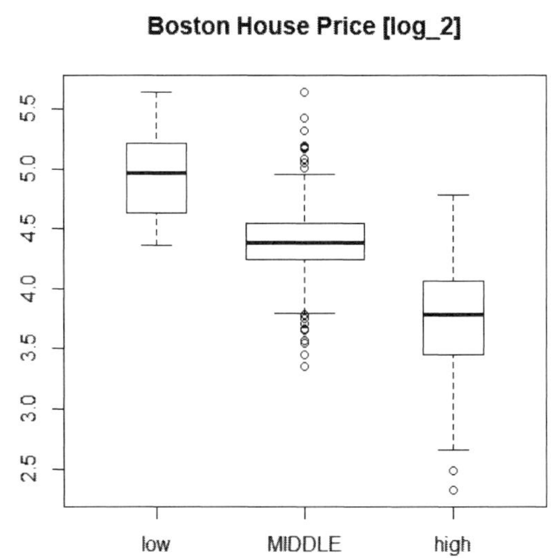


<그림 9> 하층민 비율에 따른 로그변환 주택가격의 비교: 상자그림

## Python의 활용

**Boston** 데이터를 R의 **MASS** 패키지에서 읽어 와서, 도심으로부터의 거리 **dis**의 2개 범주로 구분된 주택가격 **medv**에 대한 상자그림을 그려보겠습니다. 데이터 읽기에 **statsmodels.api.datasets**의 **get_rdata()** 함수를 활용합니다.

```
import statsmodels.api as sm
Boston = sm.datasets.get_rdataset("Boston", package="MASS")['data']
Boston.columns
# Index(['crim', 'zn', 'indus', 'chas', 'nox', 'rm', 'age', 'dis',
#        'rad', 'tax', 'ptratio', 'black', 'lstat', 'medv'],
#         dtype='object')
Boston.shape                                          # (506, 14)
cut = np.median(Boston.dis)                           # 3.21
dis_grp = (Boston.dis <= cut)
dis_grp_1 = ["inner" if u else "outer" for u in dis_grp]

Boston.medv.groupby(dis_grp_1).describe().round(1)
#        count  mean   std   min   25%   50%   75%   max
# inner  253.0  20.0  10.1   5.0  13.6  18.4  22.6  50.0
# outer  253.0  25.0   7.4  12.7  20.3  23.3  28.7  50.0

sns.boxplot(x = dis_grp_1, y = Boston.medv).set(xlabel='distance', aspect=0.1)
```

탐구 3. 하층민 비율인 **lstat**을 25% 분위수와 75% 분위수에서 구분된 3개 그룹 간 medv의 상자그림을 파이썬으로 구현하세요(그림 8 참조).

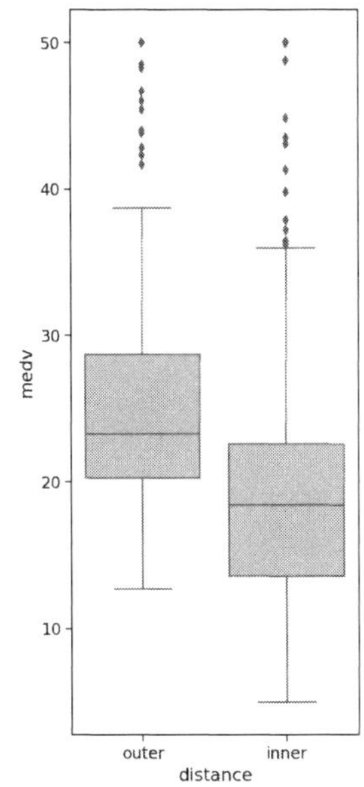


<그림 6-1> 보스턴 시의 도심·외곽 지역의 비교: 파이썬 상자그림

## 체크포인트

데이터는 다수의 개체들에 대한 일련의 특성을 일정한 방식으로 얻어낸 것입니다. 이 장에서는 특성이 수치형인 경우 개별 특성, 즉 수치형 변수의 데이터를 기술적 목적(descriptive purpose)에서 탐구하는 방법을 다루었습니다.

여러분들은 다음의 도구를 익혀 항시 쓸 수 있어야 합니다.

- 히스토그램: 무엇을 볼 것인가?
- 다섯 수치로 요약하기: 중간값과 위·아래 사분위수, 최솟값과 최댓값.
- 정규분포: 평균과 표준편차는 무엇인가?
- "상자그림" 특이점: 무엇이 전제되는가?
- 그룹 간 수치요약의 비교
- 그룹 간 비교를 위한 상자그림의 작성

## R 스크립트와 데이터 파일

| | |
|---|---|
| 2.1절 | 2_chosun kings.R |
| | chosun_kings.txt |
| 2.2절 | 계속 |
| 2.3절 | 계속 |
| 2.4절 | 2_project scores.R |
| | project_scores.csv |
| 2.5절 | 2_boston housing.R |

## Python 스크립트

02_수치형 데이터의 탐색.py

chosun_kings.csv

project_scores.csv

# 3장

# 변수변환

# 3장. 변수변환

데이터 분석에서 변수의 변환(transform of variables)은 중요한 이슈입니다. 변환 없이 원척도에서 작업하는 것보다 변수를 변환하여 새로 설정된 척도에서 데이터 분석 작업을 하는 것이 간명하고 효과적일 수 있습니다.

## 3.1 변환의 유용성

데이터 내 개체들의 특정 속성, 즉 변수는 일정한 척도에서 값을 드러냅니다. 예컨대 무게와 소득 같은 것입니다. 그런데 해당 변수의 분포를 살펴보면 한쪽으로 기운 형태를 취하는 경우가 종종 있습니다. 데이터 분석을 위해서는 가급적 대칭 분포가 바람직한데 말이죠.[1)]

**MASS** 패키지의 **mammals** 데이터는 62종 포유류의 몸무게 **body**와 뇌무게 **brain** 값을 담고 있습니다. <그림 1a>과 <그림 1b>가 **body**와 **brain**의 히스토그램입니다. 보다시피 작은 값에 확 치우쳐져 있어 썰렁하기 그지없습니다.

```
> library(MASS)
> data(mammals)
> str(mammals)
'data.frame':   62 obs. of  2 variables:
 $ body : num  3.38 0.48 1.35 465 36.33 ...
 $ brain: num  44.5 15.5 8.1 423 119.5 ...
> attach(mammals)
> hist(body, nclass=10, main="62 mammals")
> hist(brain, nclass=10, main="62 mammals")
```

이번에는 몸무게 **body**와 뇌무게 **brain**에 밑수가 2인 로그를 취하여 히스토그램

---

1) 그 이유는 대칭분포라야 중심과 산포로써 대략 분포를 기술할 수 있기 때문입니다. 한쪽으로 기운 분포(skewed distribution)에 대한 기술은 왜도(歪度, skewness)가 감안되어야 하므로 대칭분포보다 복잡합니다.

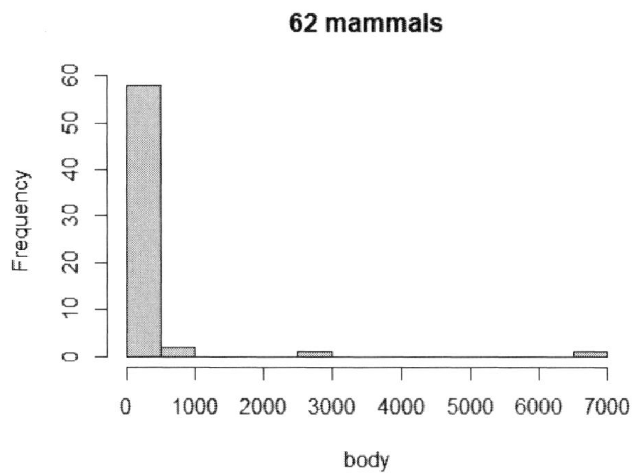


<그림 1a> 몸무게 body의 히스토그램

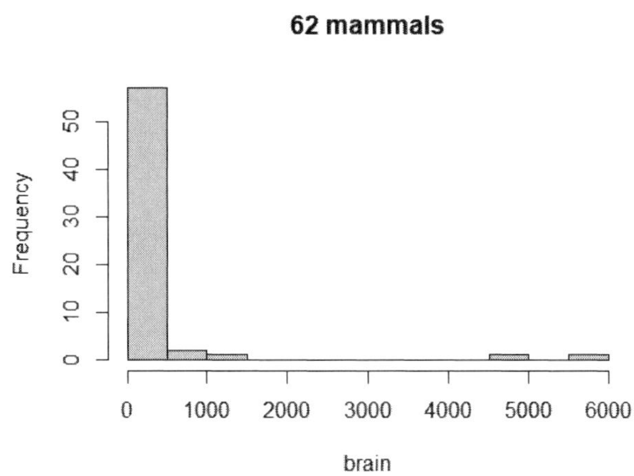


<그림 1b> 뇌무게 brain의 히스토그램

을 그려보겠습니다. <그림 2a>과 <그림 2b>를 보세요. 분포의 모양이 확 달라진 것을 볼 수 있습니다. 이제 중심이 생겼고 좌우균형이 맞아 보입니다. 이처럼 변환에 의하여 분포의 형태(shape)가 바뀝니다.[2)]

---

2) 상수를 더하거나 일정 수를 곱해주는 것으로는 분포의 형태가 바뀌지 않습니다. 밑수가 2인 로그 변환이나 밑수가 10인 로그 변환은 상수 배의 관계에 있으므로 분포의 형태는 같습니다.

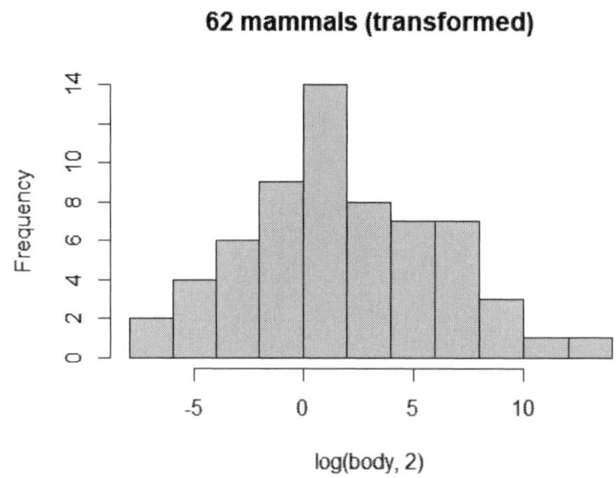


<그림 2a> 로그 몸무게 `log(body,2)`의 히스토그램

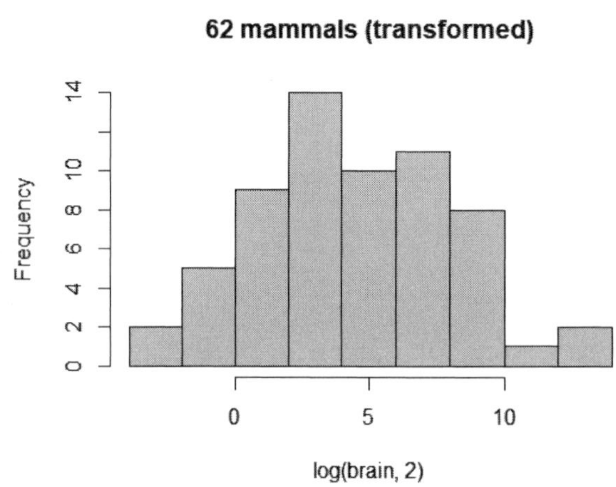


<그림 2b> 로그 뇌무게 `log(brain,2)`의 히스토그램

각 변수의 분포가 그럴듯한 모양을 취하게 되었다고 "그게 뭔 대수인가"라고 생각할 것입니다. <그림 3>과 <그림 4>를 보세요. 두 그림은 변환을 취하기 전과 변환을 취한 후의 두 변수 간 산점도(scatter plot)입니다. <그림 3>에서는 두 변수가 연관되어 있는지를 보기 어렵지만 <그림 4>에서는 연관성이 확 드러납니다.

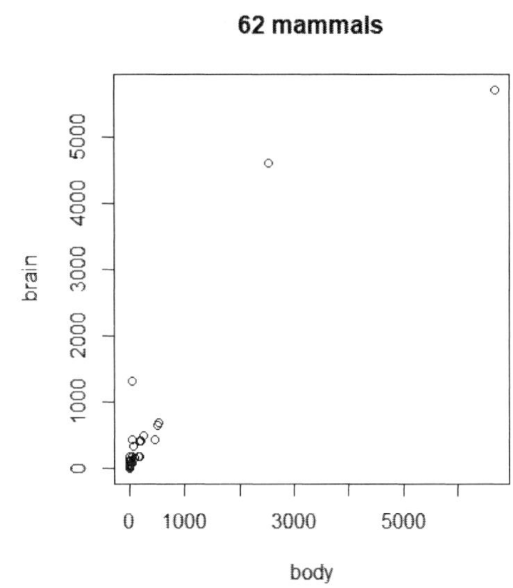


<그림 3> body와 brain의 관계: 산점도

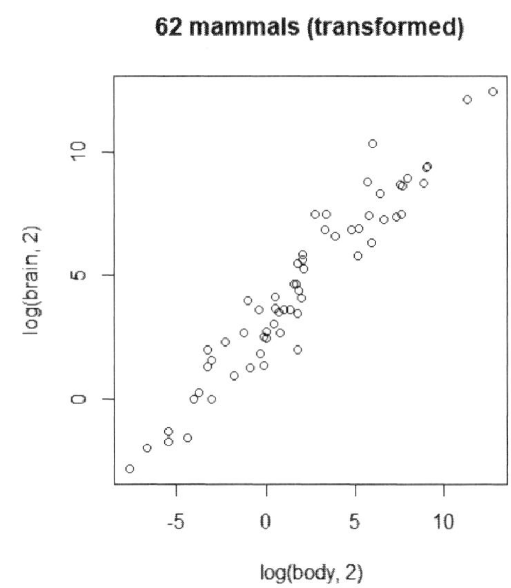


<그림 4> 로그 변환 후의 body와 brain의 관계: 산점도

```
> hist(log(body,2), nclass=10, main="62 mammals (transformed)")
> hist(log(brain,2), nclass=10, main="62 mammals (transformed)")
> plot(brain ~ body, main="62 mammals")
> plot(log(brain,2) ~ log(body,2), main="62 mammals (transformed)")
```

## Python의 활용

R MASS 패키지의 mammals 데이터를 파이썬에서 다음으로 읽습니다.

```
import pandas as pd
import numpy as np
import statsmodels.api as sm
import matplotlib.pyplot as plt

mammals = sm.datasets.get_rdataset("mammals", package="MASS")['data']
type(mammals)                          # pandas.core.frame.DataFrame
mammals.head(5)
#                     body   brain
# Arctic fox         3.385   44.5
# Owl monkey         0.480   15.5
# Mountain beaver    1.350    8.1
# Cow              465.000  423.0
# Grey wolf         36.330  119.5
```

다음으로 body 변수에 대한 히스토그램을 만듭니다. 마찬가지 방식으로 brain 변수에 대한 히스토그램도 만듭니다.

```
fig, ax = plt.subplots(figsize=(6, 4))
plt.hist(mammals.body, bins=range(0,8000,1000), color="lightgray",
  histtype="bar", edgecolor="gray")
plt.title("mammals")
plt.xlabel("body")
plt.show()
```

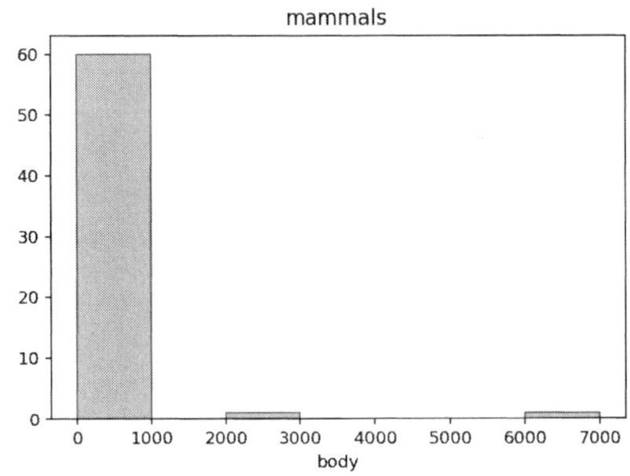


<그림 1a-1> 몸무게 **body**의 파이썬 히스토그램

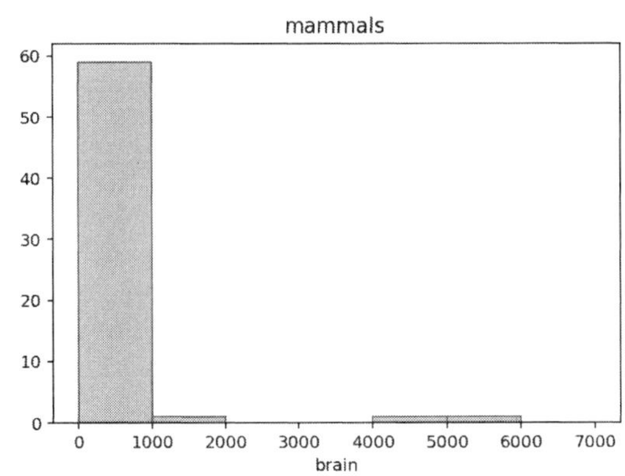


<그림 1b-1> 뇌무게 **brain**의 파이썬 히스토그램

이번에는 body와 brain에 대해 밑수 2의 로그를 취하여 히스토그램을 만듭니다.

```
log_body = np.log2(mammals.body)
log_brain = np.log2(mammals.brain)
```

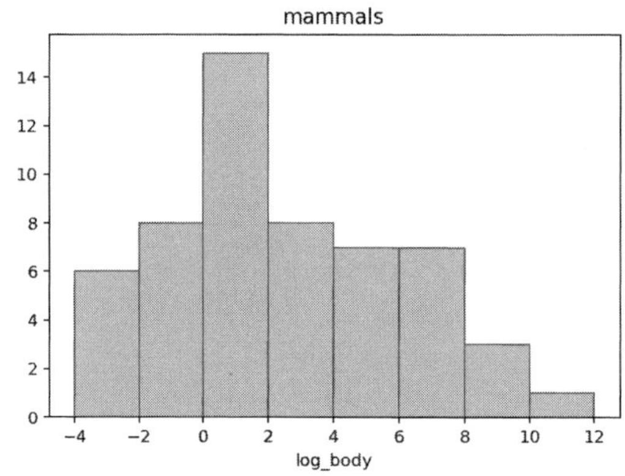


<그림 2a-1> 로그 몸무게 **log(body,2)**의 파이썬 히스토그램

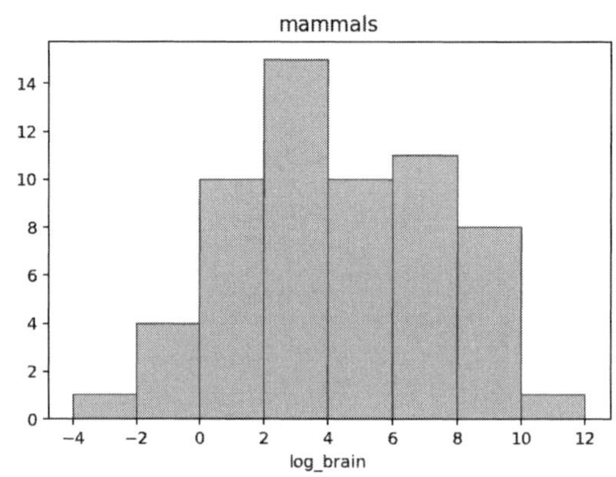


<그림 2b-1> 로그 뇌무게 **log(brain,2)**의 파이썬 히스토그램

```
fig, ax = plt.subplots(figsize=(6, 4))
plt.hist(log_body, bins=range(-4,14,2), color="lightgray",
    histtype="bar", edgecolor="gray")
plt.title("mammals")
plt.xlabel("log_body")
plt.show()
```

다음은 변환 이전과 변환 이후의 body와 brain 간 산점도입니다.

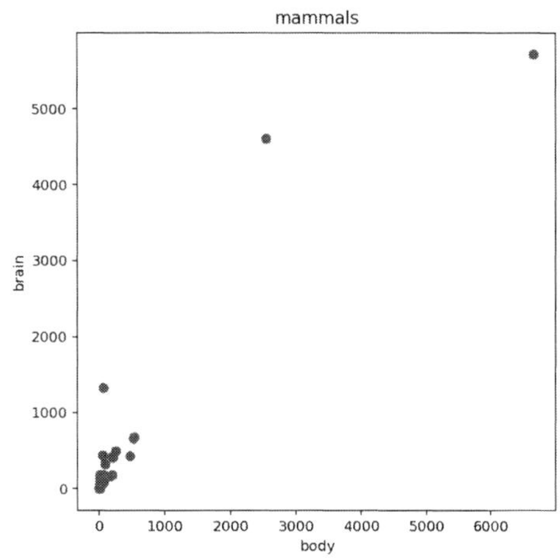


<그림 3-1> **body**와 **brain**의 관계: 파이썬 산점도

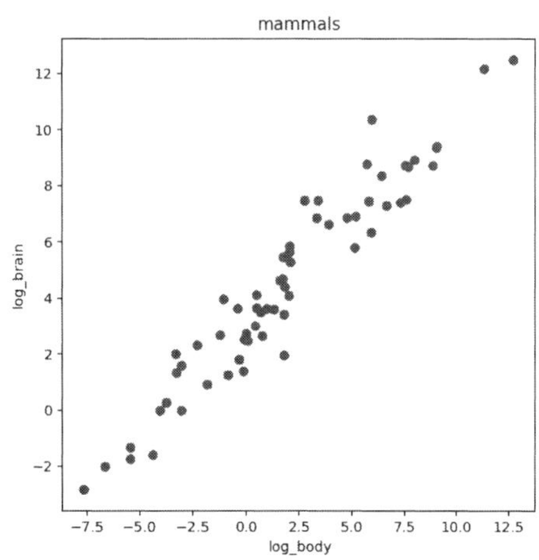


<그림 4-1> 로그 변환 후의 **body**와 **brain**의 관계: 파이썬 산점도

```
fig, ax = plt.subplots(figsize=(6, 6))
plt.scatter(mammals.body, mammals.brain)
plt.title("mammals")
plt.xlabel("body")
plt.ylabel("brain")
```

```
plt.show()

fig, ax = plt.subplots(figsize=(6, 6))
plt.scatter(log_body, log_brain)
plt.title("mammals")
plt.xlabel("log_body")
plt.ylabel("log_brain")
plt.show()
```

## 3.2 변환의 여러 유형

앞에서는 로그 변환을 쓴 바 있습니다. 그런데 오른쪽으로 길게 퍼진(skewed to the right) 분포를 갖는 양의 값(positive-valued) 변수라고 하더라도 적용해볼만한 또 하나의 변환으로 거듭 곱(power) $p$ 변환이 있습니다($0 < p \leqq 1$).

$$\text{거듭 곱 } p \text{ 변환:} \quad h_p(x) = x^p, \quad \text{for } x > 0, \ p \neq 0.$$

예컨대 $p = 0.5$ 인 경우 그 변환은 $x^{0.5}$, 즉 $\sqrt{x}$ 입니다(제곱근 변환).

$0 < p \leqq 1$ 인 경우, 거듭 곱 $p$ 변환 $x^p$ 은 무변환 $h_1(x) = x$ 에 비하면 느리게 증가하지만 로그 변환에 비해 빠르게 증가합니다. 즉 $x^p$ $(0 < p \leqq 1)$ 변환은 로그 변환과 무변환의 사이 정도로 데이터 값을 바꿉니다.

따라서 "오른쪽으로 길게 퍼진 분포"를 보인 변수를 바로 잡기 위하여 로그 변환을 취했더니 이번에는 "왼쪽으로 길게 퍼진 분포"가 되었다면 제곱근($p = 0.5$) 변환이나 세제곱근($p = 0.33$) 변환 등을 시도할 필요가 있습니다.

`MASS` 패키지의 `Insurance` 데이터는 여러 인구적·유형별 그룹의 자동차 보험 가입자 수 `Holders`와 보험청구자 수 `Claims` 등의 변수를 담고 있습니다. 데이터 구조와 모습을 다음과 같습니다.

```
> library(MASS)
> data(Insurance)
> str(Insurance)
> head(Insurance)
  District  Group    Age Holders Claims
1        1    <1l    <25     197     38
2        1    <1l  25-29     264     35
3        1    <1l  30-35     246     20
4        1    <1l    >35    1680    156
5        1 1-1.5l    <25     284     63
6        1 1-1.5l  25-29     536     84
```

보험청구율을 **Claims/Holders**로 정의하고 **Ratio**로 명명하겠습니다. **Ratio**가 자동차 배기량 기준으로 분류된 그룹 **Group** 별로 어떻게 다른가를 보기 위하여 상자그림을 그려봅니다. <그림 5>의 왼쪽 위 그래프를 보세요. 상자의 중심이 높아지면서 상자의 길이, 즉 산포도 증가하는 것을 볼 수 있습니다. 만약 변환을 통하여 산포를 일정하게 할 수 있으면 좋습니다. 바로 절약성의 원리(principle of parsimony)이죠.

제곱근(sqrt: square root) 변환을 적용한 결과가 <그림 5>의 오른쪽 위 그래프입니다. 산포가 같다고 할 수 없지만 상당한 개선이 있었습니다.[3)]

그러면 세제곱근 변환은 어떨까요? <그림 5>의 왼쪽 아래 그래프를 보세요.

```
> attach(Insurance)
> Ratio <- Claims/Holders
> boxplot(Ratio ~ Group, main="Insurance")
> boxplot(sqrt(Ratio) ~ Group, main="Insurance (sqrt transformed)")
> boxplot(Ratio^0.33 ~ Group, main="Insurance (cube root transformed)")
```

3) 왼편 첫 3개 상자의 폭을 살펴보세요. 맨 오른쪽 유형에서는 특이점이 새로 나타났는데 이 점도 좋습니다.

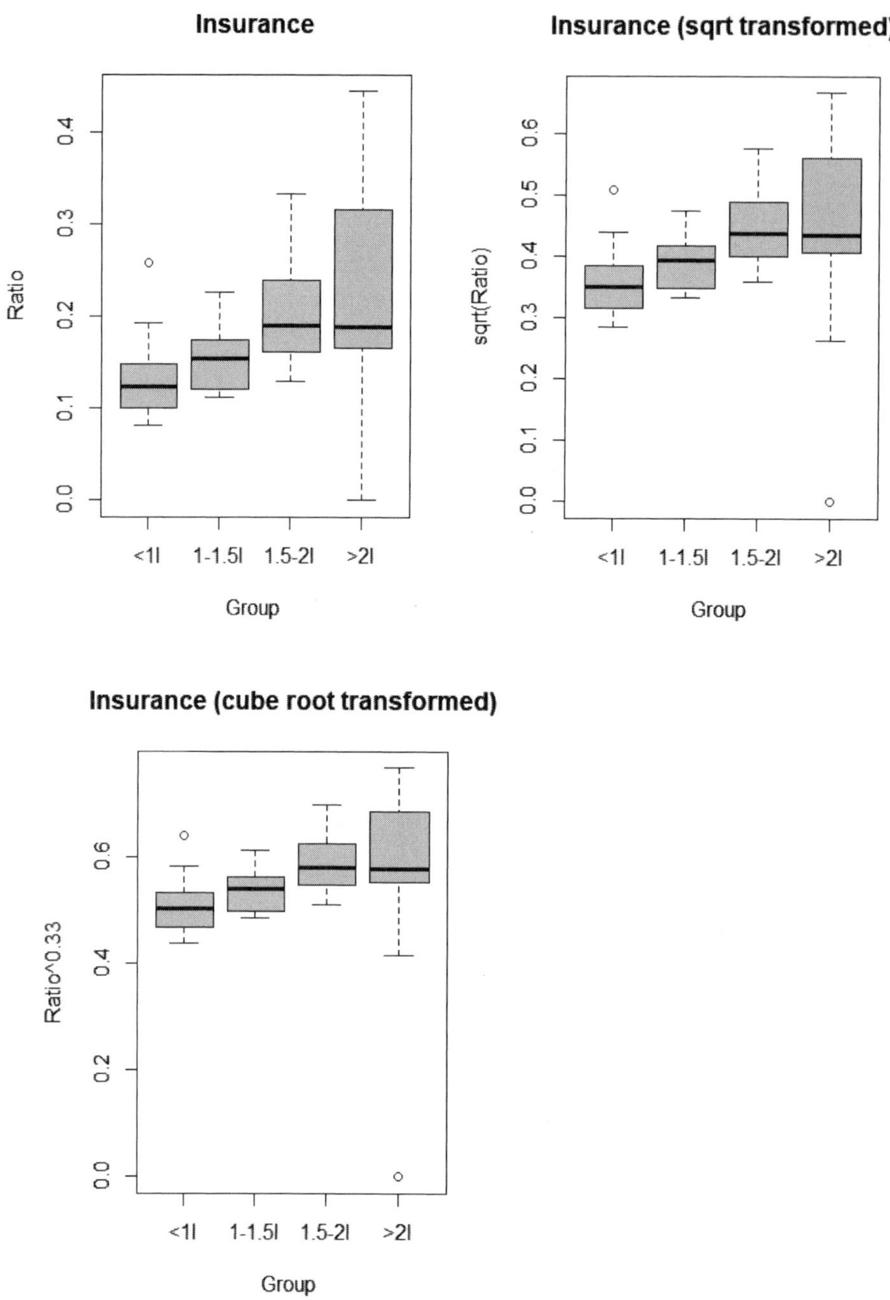


<그림 5> 유형 그룹 간 보험청구율의 비교: 상자그림

이 사례에서는 제곱근 변환과 세제곱근 변환 중 어느 것이 더 좋습니까?4)

## Python의 활용

다음은 R **MASS** 패키지의 **Insurance** 데이터를 읽고 보험 청구율 ratio에 대하여 그룹간 비교를 위해 상자그림을 그리는 파이썬 스크립트입니다. 이어서 ratio에 제곱근 변환을 하여 상자그림을 그립니다.

```
import pandas as pd
insurance = sm.datasets.get_rdataset("Insurance", package="MASS")['data']
insurance.head(5)
#   District   Group    Age  Holders  Claims
# 0        1     <1l    <25      197      38
# 1        1     <1l  25-29      264      35
# 2        1     <1l  30-35      246      20
# 3        1     <1l    >35     1680     156
# 4        1  1-1.5l    <25      284      63

import seaborn as sns
ratio = insurance.Claims / insurance.Holders
sns.set(style = "whitegrid")
sns.set_context("paper", font_scale=1.4)
sns.boxplot(y=ratio, x=insurance.Group, color="lightgray")
  .set(ylabel='Claims/Holders Ratio')
sns.boxplot(y=np.sqrt(ratio), x=insurance.Group, color="lightgray")
  .set(ylabel='sqrt of Ratio')
```

4) 내 눈에는 세제곱근 변환이 제곱근 변환보다 나아 보입니다. 더 나아가 로그 변환도 고려해볼 수 있는데 이 데이터에서는 **Ratio** 값이 0인 케이스가 있는 것이 문제입니다. 로그는 0에서 정의가 되지 않기 때문이죠. 이런 경우엔 해당변수 **Ratio**에 작은 수(예컨대 1, 0.1, 0.01 등)을 더하여 로그를 취하는 것이 한 방법입니다.

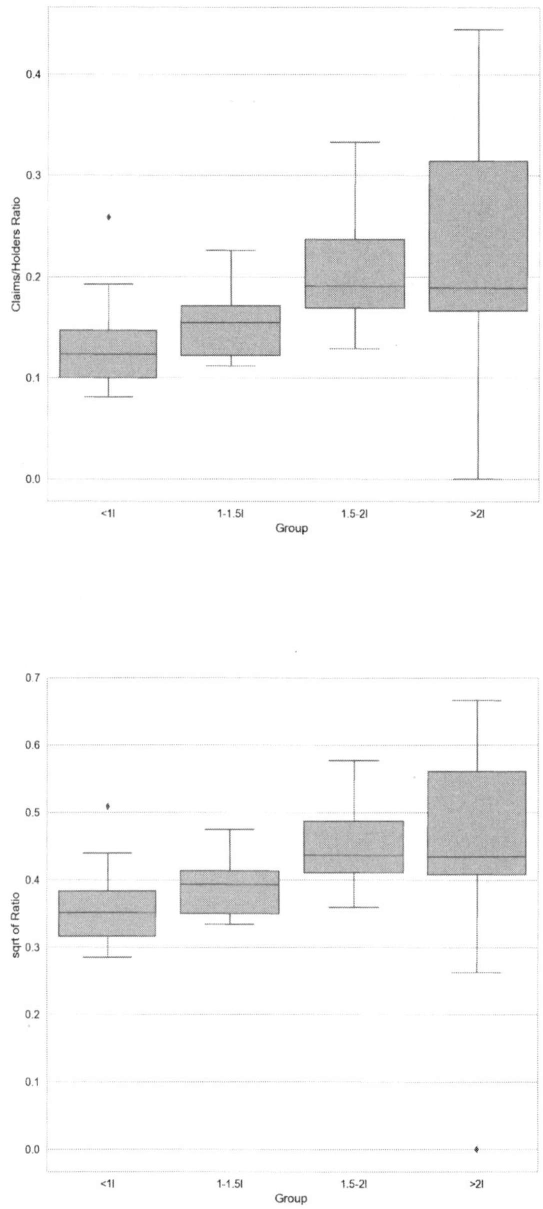


<그림 5-1> 유형 그룹 간 보험청구율의 비교: 파이썬 상자그림

## 3.3 박스-콕스 변환

$x>0$의 박스-콕스 변환(Box-Cox transform) $x^{(\lambda)}$는 다음과 같이 정의됩니다.

$$x^{(\lambda)}=\begin{cases}\dfrac{x^{\lambda}-1}{\lambda}, & \lambda\neq 0\\ \log_e x, & \lambda=0\end{cases}$$

이 변환은 $\lambda$에 관계없이 $x=1$에서 변환값이 0이고 미분계수가 1입니다. 그러나 $x>1$에서는 증가속도가 다릅니다($\lambda$가 클수록 미분계수 $\frac{d}{dx}x^{(\lambda)}$가 큽니다). 이제까지 다룬 로그변환과 거듭 곱 변환은 박스-콕스 변환으로 묶여집니다.

박스-콕스 변환으로써 일변량 분포를 가장 정규분포에 근접시키는 자동화된 방법을 소개하고자 합니다. 양의 값 데이터 $x_1,\cdots,x_n$의 확률밀도를

$$\prod_{i=1}^{n}\frac{1}{\sqrt{2\pi}\,\sigma}\exp\left[-\frac{1}{2\sigma^2}(x_i^{(\lambda)}-\mu)^2\right]x_i^{\lambda-1}$$

로 가정하기로 하고[5] 위 식을 $\mu$와 $\sigma^2$, 그리고 $\lambda$에 대하여 최대화하여 최적값 $\hat{\lambda}$를 찾아냅니다.[6] 여기서는 실제 그런 값을 찾는 방법에 대한 설명은 하지 않고 R에 구현된 한 함수를 활용하기로 합니다.

2.1절에서 접했던 `mammals` 데이터의 `body` 변수를 박스-콕스 변환으로써 정규분포에 근접시켜 봅시다. `car` 패키지의 `powerTransform()` 함수를 씁니다.

```
> library(car)
> library(MASS)
> data(mammals)
> summary(powerTransform(mammals$body))
bcPower Transformation to Normality
             Est Power Rounded Pwr Wald Lwr bnd Wald Upr Bnd
mammals$body   -0.0196           0      -0.0921        0.053
```

위 출력에 의하면 $\hat{\lambda}=-0.02$입니다. 그러니까 $\hat{\lambda}\simeq 0$, 로그 변환이 답입니다.

5) 이것은 거듭 곱 $\lambda$의 박스-칵스 변환 변수가 $N(\mu,\sigma)$ 분포를 따름을 의미합니다.
6) 이런 방법이 최대가능도(maximum likelihood) 추정입니다.

마찬가지로 **mammals** 데이터의 **brain** 변수도 박스-콕스 변환으로 정규분포에 근접시킵니다.

```
> summary(powerTransform(mammals$brain))
bcPower Transformation to Normality
              Est Power Rounded Pwr Wald Lwr bnd Wald Upr Bnd
mammals$brain   -0.0078           0      -0.1021       0.0866
```

답은 같습니다. 즉 로그 변환이 답입니다.

**powerTransform()** 함수는 일변량 변수 뿐 아니라 다변량 변수도 다변량 정규분포(multivariate normal distribution)에 근접시키는 기능을 가지고 있습니다.[7)]

```
> summary(powerTransform(mammals))
bcPower Transformations to Multinormality
      Est Power Rounded Pwr Wald Lwr bnd Wald Upr Bnd
body    -0.0356           0      -0.0877       0.0165
brain   -0.0285           0      -0.0976       0.0406
```

역시 답은 두 변수 모두에 대하여 각각 로그 변환입니다.

## 체크포인트

경험상, 초보 데이터분석자들은 변수변환을 꺼려합니다. 용기를 내서 과감하게 변수변환을 시도해볼 필요가 있습니다. 우리의 일상에 이미 수많은 변환이 활용되고 있습니다. 예컨대 지진의 강도를 나타내는 리히터 척도는 지진파 진폭에 밑수가 10인 로그로 변환한 값입니다.

---

7) 이변량 정규분포 $N(\mu_1, \mu_2, \sigma_1, \sigma_2, \rho)$의 확률밀도함수는 다음과 같습니다.

$$f(x_1, x_2;\, \mu_1, \mu_2, \sigma_1, \sigma_2, \rho) = \frac{1}{2\pi\sigma_1\sigma_2\sqrt{1-\rho^2}} \exp\left[-\frac{1}{2(1-\rho^2)}Q\right], \quad -\infty < x_1, x_2 < \infty,$$

여기서

$$Q = \left(\frac{x_1-\mu_1}{\sigma_1^2}\right)^2 + \left(\frac{x_2-\mu_2}{\sigma_2^2}\right)^2 - 2\rho\left(\frac{x_1-\mu_1}{\sigma_1^2}\right)\left(\frac{x_2-\mu_2}{\sigma_2^2}\right).$$

양의 값 변수가 "오른쪽으로 길게 퍼지는(skewed to the right)" 분포를 보이는 경우 제곱근 변환, 세제곱근 변환, ... , 로그 변환 등을 적용하여 분포가 대략 대칭적 형태가 되도록 할 필요가 있습니다. 반대로, 양의 값 변수가 "왼쪽으로 길게 퍼지는 (skewed to the left)" 분포를 보이는 경우, 제곱 변환, 세제곱 변환, ... , 지수 변환 등을 고려할 필요가 있습니다.

양의 값 변수를 집단 간 비교하는 상황에서는 집단 별 산포들을 일정하게 하는 것이 바람직합니다. 중심이 클수록 산포가 증가한다면 제곱근 변환, 세제곱근 변환, ... , 로그 변환 등을 적용해 볼 필요가 있습니다.

## R 스크립트

3.1절 3_mammals.R
3.2절 3_insurance.R
3.3절 3_boxcox transform.R

## Python 스크립트

03_변수변환.py

4장

# 범주형 데이터의 탐색

# 4장. 범주형 데이터의 탐색

어떤 변수는 범주(categories)를 값으로 취합니다. 그 중에는 생존여부(= 사망 0 · 생존 1)와 같이 이항형인 것도 있고 종교(= 없음 1, 불교 2, 기독교 3, 천주교 4, 기타 5)와 같이 다항형인 것이 있습니다. 이들은 비록 숫자로 코딩되었다고 하더라도 1장과 2장에서 다룬 바 있는 수치형 변수는 아닙니다. 이 장에서는 관심변수가 범주형인 데이터 분석을 시각화 위주로 다룹니다.

## 4.1 교차표의 시각화: 모자이크 플롯

개별 범주형 변수는 단순히 빈도표로 통계적 속성이 파악될 수 있습니다. 수치예로서 **Titanic{datasets}** 데이터를 보겠습니다. 이 데이터는 2,201명의 타이타닉 호 탑승자의 생존여부 **Survived**(= No, Yes)와 선실등급 **Class**(= 1st, 2nd, 3rd, Crew), 성별 **Sex**(= Male, Female), 나이 **Age**(= Child, Adult) 정보를 4차원 배열에 담고 있습니다. 생존여부 **Survived**의 분포는 다음과 같습니다.

```
> data(Titanic)
> str(Titanic)
 table [1:4, 1:2, 1:2, 1:2] 0 0 35 0 0 0 17 0 118 154 ...
 - attr(*, "dimnames")=List of 4
  ..$ Class   : chr [1:4] "1st" "2nd" "3rd" "Crew"
  ..$ Sex     : chr [1:2] "Male" "Female"
  ..$ Age     : chr [1:2] "Child" "Adult"
  ..$ Survived: chr [1:2] "No" "Yes"
> N <- sum(Titanic); N
[1] 2201
> apply(Titanic, 4, sum)  # 빈도
  No  Yes
1490  711
```

즉 사망자 1,490명에 생존자 711명입니다(비율은 67.7% 대 32.3%).

```
> round(apply(Titanic, 4, sum)/N, 3)  # 비율
   No   Yes 
0.677 0.323 
```

"생존이 무엇과 어떻게 관련 있는가?"를 탐구하기로 합시다. 선실등급 **Class**(= 1st, 2nd, 3rd, Crew)부터 살펴보기로 합니다. 이를 위해서 **Class**와 **Survived**의 4*2 교차표(cross-table)가 있어야겠죠.

```
> Tab.1 <- apply(Titanic, c(1,4), sum)
> Tab.1m <- addmargins(Tab.1)
> Tab.1m  # 빈도
      Survived
Class    No Yes  Sum
  1st   122 203  325
  2nd   167 118  285
  3rd   528 178  706
  Crew  673 212  885
  Sum  1490 711 2201
> round(Tab.1m[, 1:3]/Tab.1m[,3], 3)   # 비율
      Survived
Class     No   Yes Sum
  1st  0.375 0.625   1
  2nd  0.586 0.414   1
  3rd  0.748 0.252   1
  Crew 0.760 0.240   1
  Sum  0.677 0.323   1
```

앞에서 보듯 선실등급 **Class**(= 1st, 2nd, 3rd, Crew)별 **Survived** 비율은 1st에서 가장 크고(62.5%), 2nd(41.4%), 3rd(25.2%), Crew(24.0%) 순서로 낮습니다. 그러나 이렇듯 숫자로 보는 것보다는 적당한 그림으로 보는 것이 낫겠죠.

모자이크 플롯(mosaic plot)은 2차원 교차표의 시각화에 딱 좋은 도구입니다.

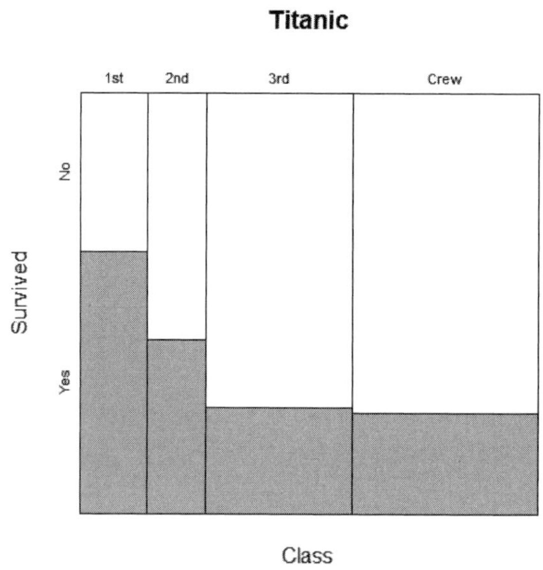


<그림 1> Class * Survived의 모자이크 플롯

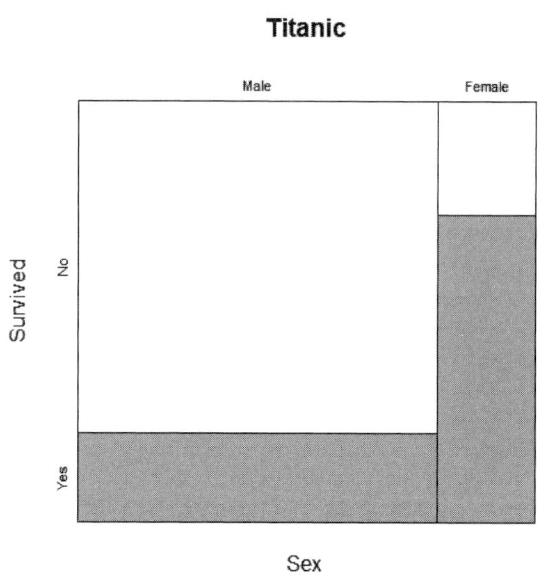


<그림 2> Sex * Survived의 모자이크 플롯

이 그래프는 사각형 타일을 행 범주의 표현을 염두에 두고 수직 분할하고 이어서 행 범주별 열 비율을 수평 분할한 일종의 모자이크 형의 그림입니다.

<그림 1>에서 **Class * Survived**의 모자이크 플롯을 보면 선실등급 별 생존 비율이 크게 다른 것을 볼 수 있습니다. 사람의 목숨이 달린 상황에서도 사회적 클래스가 힘을 썼던 것일까요? 아직 판단이 이릅니다.

```
> mosaicplot(~ Class + Survived, col=c("white","gray"), off=0, data=Titanic)
```

<그림 2>에서 **Sex * Survived**의 모자이크 플롯을 보기 바랍니다. 남성의 생존률에 비해 여성의 생존률이 비교가 안 될 정도로 크게 나타났습니다.

```
> mosaicplot(~ Sex + Survived, col=c("white","gray"), off=0, data=Titanic)
```

그러면 **Class**별로 **Sex * Survived**는 어떨까요? 이것은 **Class * Sex * Survived**의 3차원 교차표에 대한 질문입니다. **Class**로 수직 분할을 하고 **Class**의 각 범주 내에서 **Sex**(수직분할) * **Survived**(수평분할)의 모자이크 플롯을 그려봅니다. <그림 3>에서 결과를 보세요. 각 클래스 내에서 남녀의 생존비율 차이가 드러납니다. 비상 상황에서도 "Women First"의 원칙이 적용된 것으로 보입니다. 2등 선실에서 남녀 간 차이가 가장 크게 나타났습니다.

```
> mosaicplot(~ Class + Sex + Survived, col=c("white","gray"), off=c(4,0,0),
      dir=c("v","v","h"), data=Titanic)
```

탐구 1. **Sex * Class * Survived**의 3차원 교차표를 모자이크 플롯으로 시각해 보세요. 무엇을 알 수 있습니까?

또 하나의 사례로서 **UCBAdmissions** 데이터를 분석해보기로 하겠습니다. 1973년 UC 버클리대학의 대학원 입학에서 여성차별 의혹이 제기된 바, 그 이유는 <그림 4>에서 보듯 여성 지원자의 입학허용 비율이 남성 지원자의 입학허용 비율보다 작기 때문이었습니다.

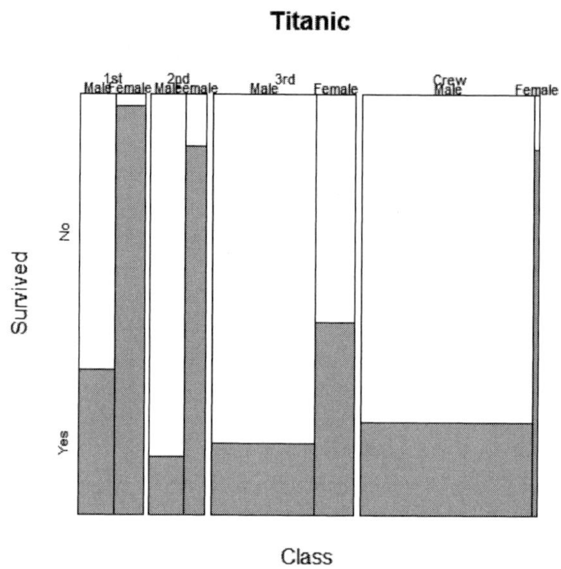


<그림 3> Class * Sex * Survived의 모자이크 플롯

```
> data(UCBAdmissions)
> str(UCBAdmissions)
 table [1:2, 1:2, 1:6] 512 313 89 19 353 207 17 8 120 205 ...
 - attr(*, "dimnames")=List of 3
  ..$ Admit : chr [1:2] "Admitted" "Rejected"
  ..$ Gender: chr [1:2] "Male" "Female"
  ..$ Dept  : chr [1:6] "A" "B" "C" "D" ...
> mosaicplot(~ Gender + Admit, off=0, col=c("white","gray"), data=UCBAdmissions
```

그러나 지원학과 **Dept** 별로 **Gender * Admit**의 관계를 볼 필요가 있습니다. 왜냐하면 입학사정은 지원학과 별로 이루어지기 때문입니다. <그림 5>의 모자이크 플롯에 나타나듯, 지원학과 별로 보면 남자 지원자의 입학허용 비율이 여자 지원자의 입학허용 비율보다 큰 학과는 6개 학과 중 2개 학과이고 나머지 4개 학과에서는 오히려 남자 지원자의 입학허용 비율이 여자 지원자의 입학허용 비율보다 작습니다. 바로 심프슨의 역설(Simpson's paradox)인 거죠.

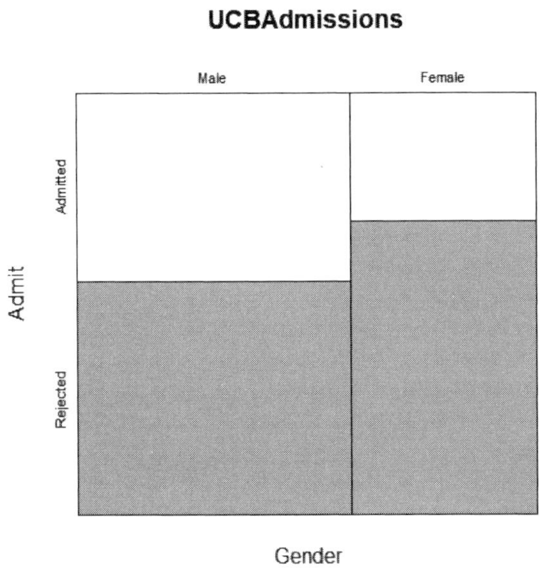


<그림 4> UCBAdmissions 사례에서 Gender * Admit의 모자이크 플롯

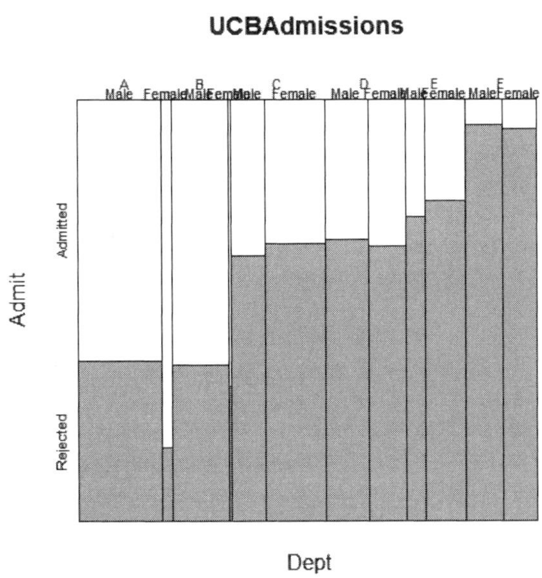


<그림 5> UCBAdmissions 사례에서 Dept * Gender * Admit의 모자이크 플롯

```
> mosaicplot(~ Dept + Gender + Admit, off=c(0,0,0), col=c("white","gray"),
      dir=c("v","v","h"), data=UCBAdmissions)
```

이처럼 전반적으로 본 모습이 세부적으로 보았을 때는 부정될 수 있습니다.

## Python의 활용

다음으로 파이썬에서 titanic 데이터를 읽고, 읽은 데이터를 살펴봅니다.

```
import pandas as pd
import numpy as np
import statsmodels.api as sm
import matplotlib.pyplot as plt

titanic = pd.read_csv("C:\\Users\\...\\titanic_train.csv")
titanic.columns
# Index(['PassengerId', 'Survived', 'Pclass', 'Name', 'Sex', 'Age',
#        'SibSp', 'Parch', 'Ticket', 'Fare', 'Cabin', 'Embarked'],
#         dtype='object')
titanic.head(5)
#    PassengerId  Survived  Pclass  ...     Fare Cabin  Embarked
# 0            1         0       3  ...   7.2500   NaN         S
# 1            2         1       1  ...  71.2833   C85         C
# 2            3         1       3  ...   7.9250   NaN         S
# 3            4         1       1  ...  53.1000  C123         S
# 4            5         0       3  ...   8.0500   NaN         S
```

다음 코드는 생존여부 Survived의 빈도와 선실등급 Pclass와의 교차표를 구합니다.

```
titanic["Survived_1"] = pd.Series(["live" if u==1 else "dead"
        for u in titanic.Survived])
titanic["Survived_1"].value_counts(sort=False)
```

```
# dead    549
# live    342
# Name: Survived_1, dtype: int64

pd.crosstab(titanic["Pclass"], titanic["Survived_1"])
# Survived_1  dead  live
# Pclass
# 1             80   136
# 2             97    87
# 3            372   119
```

이제 선실등급 Pclass와 생존여부 Survived 간 교차표를 시각화해보기로 합니다. 다음은 막대그림의 일종인 stacked bar plot를 구하는 파이썬 코드입니다.

```
tab = pd.crosstab(titanic["Pclass"], titanic["Survived"])
fig = plt.subplots(figsize =(5, 7))
x = ["Class_1", "Class_2", "Class_3"]
p1 = plt.bar(x, tab[0], width=0.5, color='white', edgecolor='black')
p2 = plt.bar(x, tab[1], width=0.5, bottom=tab[0], color='gray', edgecolor='black')
plt.xticks(x, ('Class_1', 'Class_2', 'Class_3'))
plt.legend((p2[0], p1[0]), ('Live', 'Dead'))
plt.show()
```

<그림 1a-1>이 출력 그래프인데 Class별 빈도는 정확히 반영되지만 Class 간 생존율을 비교하기가 쉽지 않습니다. 대안으로 막대의 높이를 동일하게 하고 대신 막대의 폭에 빈도를 넣는 방식의 막대그림을 고려하기로 합니다.

```
tab = pd.crosstab(titanic["Pclass"], titanic["Survived"])
tab_1 = tab / tab.sum(axis=1)[:, None]
```

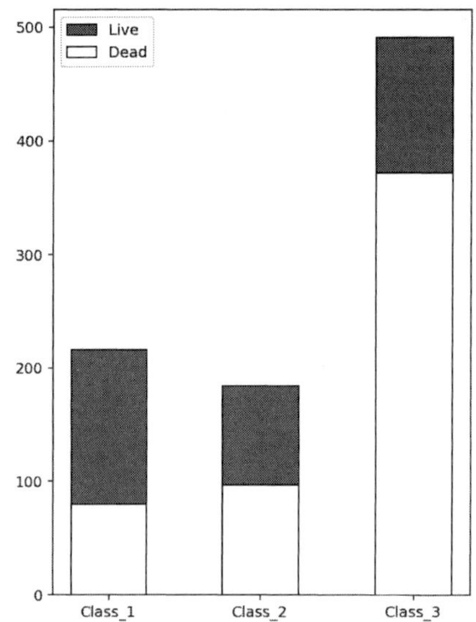


<그림 1a-1> Class별 Survived의 빈도를 보여주는 파이썬 막대그림

```
tab_1.round(3)
# Survived      0      1
# Pclass
# 1          0.370  0.630
# 2          0.527  0.473
# 3          0.758  0.242

width = titanic["Pclass"].value_counts(sort=False)
width_1 = width / max(width)
fig = plt.subplots(figsize =(5, 7))
x = ["Class_1", "Class_2", "Class_3"]
p1 = plt.bar(x, tab[0], width=0.5, color='white', edgecolor='black')
p2 = plt.bar(x, tab[1], width=0.5, bottom=tab[0], color='gray', edgecolor='blac
p1 = plt.bar(x, tab_1[0], width=width_1, color='gray')
p2 = plt.bar(x, tab_1[1], width=width_1, bottom=tab_1[0], color='r')
plt.xticks(x, ('Class_1', 'Class_2', 'Class_3'))
plt.legend(( p2[0], p1[0]), ('Live', 'Dead'), loc = "lower right")
plt.show()
```

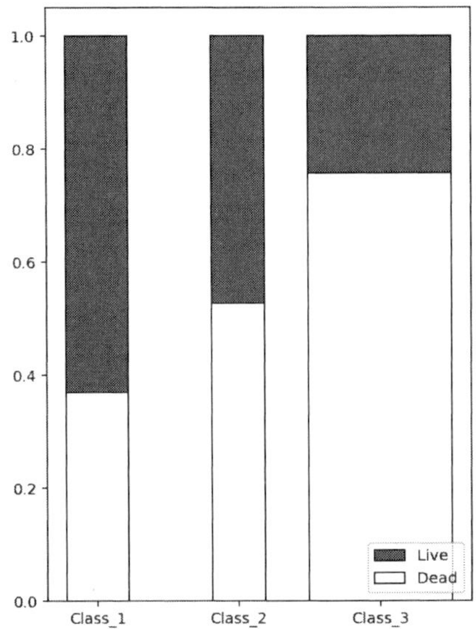


<그림 1b-1> **Class**별 **Survived**의 빈도와 비율을 보여주는 파이썬 막대그림

<그림 1b-1>이 출력 그래프입니다. 이런 막대그림을 멋지게 개선한 것이 모자이크 플롯입니다. 다음이 모자이크 플롯 생성을 위한 파이썬 코딩입니다.

```
from statsmodels.graphics.mosaicplot import mosaic
props = lambda key: {'color': 'lightgray' if 'live' in key else 'gray'}
mosaic(titanic, index =["Pclass", "Survived_1"], properties=props)
```

<그림 1c-1>이 출력 그래프입니다. 첫 번째 분류변수인 Class의 3개 범주를 빈도 순서로 배열한 탓에 Class 3가 맨 앞에 나타났습니다. 아무튼 3등 선실의 사망률이 가장 크고 1등 선실의 사망률이 가장 작음을 볼 수 있습니다.

<그림 2-1>은 **Sex**별 **Survived**의 빈도와 비율을 보여주는 파이썬 모자이크 플롯입니다.

```
mosaic(titanic, index =["Sex", "Survived_1"], properties=props)
```

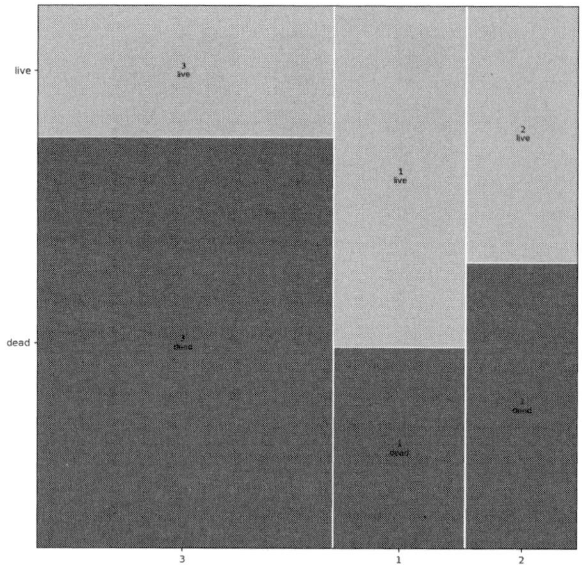


<그림 1c-1> Class 별 Survived의 빈도와 비율을 보여주는 파이썬 모자이크 플롯

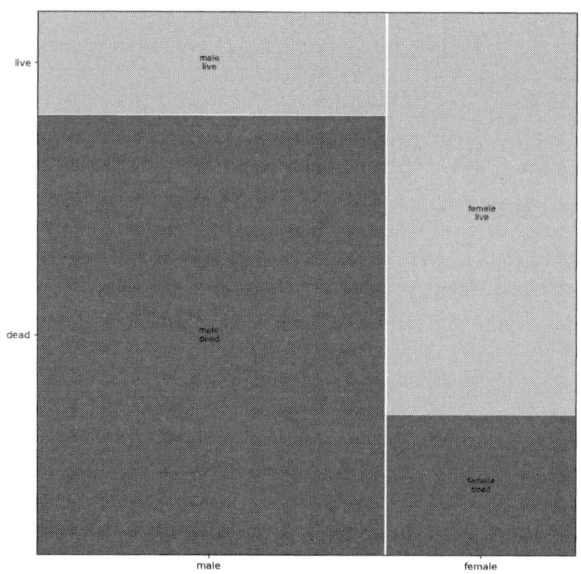


<그림 2-1> Sex 별 Survived의 빈도와 비율을 보여주는 파이썬 모자이크 플롯

## 4.2 연속형 X, 범주형 Y

범주형 변수 $Y$에 분석자의 관심이 있는 경우 그것과 관련짓는 변수 $X$도 또한 범주형이라면 앞 절에서와 같이 교차표를 살펴보는 것에서 시작하면 됩니다. 그런데 변수 $X$가 수치형이라면 어떻게 하지요?

**rattle.data** 패키지의 **weather** 데이터는 오스트레일리아 캔버러 지역의 366일 강우기록입니다. 관심 변수는 **RainTomorrow**(= No, Yes; 다음 날 비가 왔는가?)인데, 이것이 **Humidity3pm**(당일 오후 3시의 습도)과 어떻게 얼마나 연관되어 있는지를 살펴보기로 합시다.

<그림 6>과 같이 **RainTomorrow**(=$Y$) 수준별 **Humidity3pm**(=$X$)의 히스토그램을 살펴볼 수 있을 것입니다. 그러나 이것은 $Y$에 조건화된 $X$의 분포를 본 것이지, $X$에 조건화된 $Y$의 분포를 본 것은 아닙니다.

어떻게 하면, $X$에 조건화된 $Y$의 분포를 볼 수 있을까요? $X$가 수치형이니까 $X=x$에 조건화하기는 어렵습니다($x$는 변수 $X$의 개별 값). 따라서 $X$를 몇 개 구간으로 그룹화하여 "구간화된 $X$"와 $Y$ 간 교차표를 시각화하는 것이 한 방법이겠습니다.

<그림 7>이 **Humidity3pm**의 4개 구간과 **RainTomorrow** 간 모자이크 플롯입니다. **Humidity3pm**의 제4 구간에서 **RainTomorrow**의 **Yes** 비율이 확 오른 것을 볼 수 있습니다.

```
> library(rattle.data)
> data(weather)
> attach(weather)
```

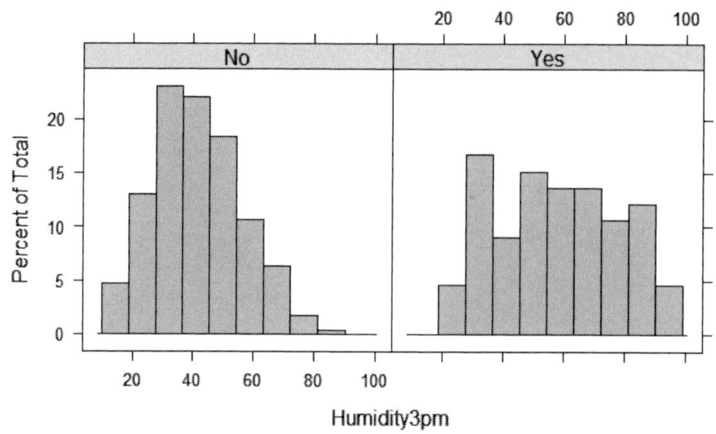


<그림 6> RainTomorrow(= No, Yes)에 따른 Humidity3pm의 히스토그램

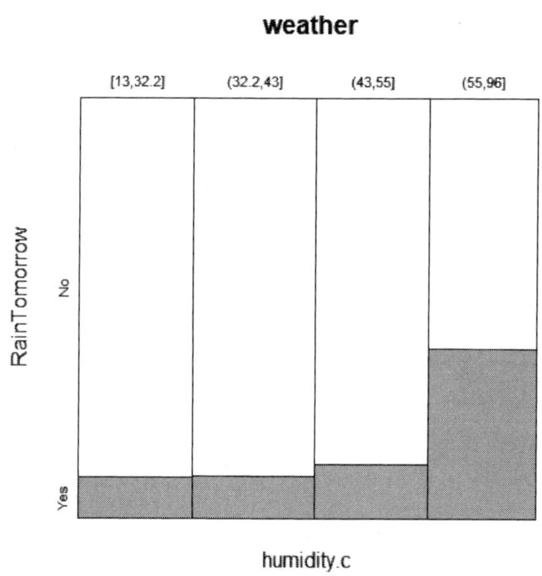


<그림 7> Humidity3pm 구간화와 RainTomorrow의 모자이크 플롯

```
> library(lattice)
> histogram(~ Humidity3pm | RainTomorrow)
> humidity.c <- cut(Humidity3pm, quantile(Humidity3pm,
       prob=c(0,0.25,0.5,0.75,1)), include.lowest=TRUE)
> mosaicplot(~ humidity.c + RainTomorrow, off=0, col=c("gray","blue"),
       main="weather")
```

<그림 6>의 상황을 수학적으로 모형화 해봅시다. $Y=y$에 조건화하여 $X$의 분포가 $N(\mu_y, \sigma)$라고 합시다($y=0,1;\ \mu_0 \neq \mu_1$). 즉 $X$의 조건부 밀도가

$$f(x|y) = \frac{1}{\sqrt{2\pi}\,\sigma} \exp\left[-\frac{1}{2\sigma^2}(x-\mu_y)^2\right],\ -\infty < x < \infty$$

입니다. 그리고

$$P\{Y=1\} = \pi,\ P\{Y=0\} = 1-\pi$$

라고 합시다. 그러면, 베이즈 정리(→ 부록 3.A)에 의하여

$$\frac{P\{Y=1\,|\,x\}}{P\{Y=0\,|\,x\}} = \frac{P\{Y=1\}}{P\{Y=0\}} \cdot \frac{f(x|1)}{f(x|0)}$$

이므로

$$\begin{aligned}\frac{P\{Y=1\,|\,x\}}{P\{Y=0\,|\,x\}} &= \frac{\pi}{1-\pi} \cdot \exp\left[-\frac{1}{2\sigma^2}(x-\mu_1)^2 + \frac{1}{2\sigma^2}(x-\mu_0)^2\right] \\ &= \frac{\pi}{1-\pi} \cdot \exp\left[\frac{1}{\sigma^2}(\mu_1-\mu_0)x - \frac{1}{2\sigma^2}(\mu_1^2-\mu_0^2)\right]\end{aligned}$$

입니다. 그러므로

$$\log_e \frac{P\{Y=1\,|\,x\}}{P\{Y=0\,|\,x\}} = \beta_0 + \beta_1 x \qquad (1)$$

의 꼴이 됩니다(여기서 $\beta_0$와 $\beta_1$은 $\mu_0, \mu_1, \sigma, \pi$ 등으로 표현되는 파라미터). (1)을 로지스틱 회귀모형이라 합니다. 이 모형에 대하여는 이후 6장 "분류모형"에서 본격적으로 다룹니다.

탐구1. 앞에서, $Y=y$에 조건화하여 $X$의 분포를 $N(\mu_y, \sigma_y)$로 놓으면($y=0,1;\ \sigma_0 \neq \sigma_1$), $\log_e \frac{P\{Y=1\,|\,x\}}{P\{Y=0\,|\,x\}}$은 $x$의 어떤 함수로 표현될까요?

## Python의 활용

다음으로 파이썬에서 weather 데이터를 읽습니다.

```
weather = pd.read_csv("C:\\Users\\...\\weather.csv")
weather.head(5)
#          Date  Location  MinTemp  ...    RISK_MM  RainTomorrow
# 0  2007-11-01  Canberra      8.0  ...        3.6           Yes
# 1  2007-11-02  Canberra     14.0  ...        3.6           Yes
# 2  2007-11-03  Canberra     13.7  ...       39.8           Yes
# 3  2007-11-04  Canberra     13.3  ...        2.8           Yes
# 4  2007-11-05  Canberra      7.6  ...        0.0            No
```

다음은 설명변수 중 하나인 **Humidity3pm**의 다섯 숫자 요약입니다.

```
np.quantile(weather.Humidity3pm, [0,0.25,0.50,0.75,1])
# array([13.  , 32.25, 43.  , 55.  , 96.  ])
```

이 변수를 4분위수를 경계로 4개 구간으로 나눕니다(구간화 binning). 이 과정에서 범주형 변수로 **Humidity3pm_1**이 생성됩니다.

```
Humidity3pm_1 = pd.qcut(weather.Humidity3pm, 4)
Humidity3pm_1.head(5)
# 0    (12.999, 32.25]
# 1      (32.25, 43.0]
# 2       (55.0, 96.0]
# 3       (55.0, 96.0]
# 4       (43.0, 55.0]
```

이제 **Humidity3pm_1**의 범주별로 **RainTomorrow**의 상대적 빈도, 즉 비율을 막대그림으로 나타냄으로써 **Humidity3pm**가 **RainTomorrow**에 영향을 주는 변수인가를 살펴봅니다.

```
tab = pd.crosstab(Humidity3pm_1, weather["RainTomorrow"])
```

```
tab
# RainTomorrow     No  Yes
# Humidity3pm
# (12.999, 32.25]  83    9
# (32.25, 43.0]    87   10
# (43.0, 55.0]     79   12
# (55.0, 96.0]     51   35

tab_1 = tab / tab.sum(axis=1)[:,None]
tab_1.round(3)
# RainTomorrow        No    Yes
# Humidity3pm
# (12.999, 32.25]  0.902  0.098
# (32.25, 43.0]    0.897  0.103
# (43.0, 55.0]     0.868  0.132
# (55.0, 96.0]     0.593  0.407

fig = plt.subplots(figsize =(5, 5))
x = ["1st Q", "2nd Q", "3rd Q", "4th Q"]
p1 = plt.bar(x, tab_1["Yes"], width=0.75, color='gray', edgecolor='black')
p2 = plt.bar(x, tab_1["No"], width=0.75, bottom=tab_1["Yes"],
    color='white', edgecolor='black')
plt.xticks(x, ["1st Q", "2nd Q", "3rd Q", "4th Q"])
plt.legend((p2[0], p1[0]), ('No', 'Yes'))
plt.show()
```

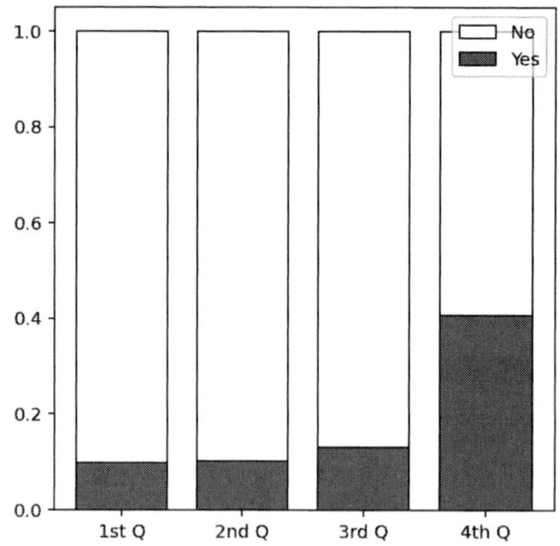


<그림 7-1> `Humidity3pm` 구간별 `RainTomorrow`의 상대적 빈도를 보여주는 파이썬 막대그림

## 체크포인트

두 변수가 모두 범주형인 경우 으뜸 되는 시각화 도구는 모자이크 플롯입니다.

변수 $X$가 수치형인 경우 범주형 변수 $Y$와의 연관성을 살펴보기 위해서 $X$를 구간화하여 모자이크 플롯을 그려보는 전략이 대체로 유용합니다.

두 범주형 변수 간 연관성이 허위적일 수 있습니다. 심프슨의 파라독스를 조심해야 합니다. 제3의 변수를 염두에 두어야 합니다.

## R 스크립트

4.1절 4_titanic.R
4_ucbadmissions.R
4.2절 4_weather.R

## 파이썬 스크립트

04_범주형 데이터의 탐색.py
titanic_train.csv
weather.csv

## 4.A [부록] 베이즈 정리

베이즈의 정리(Bayes' theorem)에는 여러 형태가 있습니다. 여기서는 연속형 확률변수 $X$와 이항형 확률변수 $Y(=0,1)$로 정리를 기술하고 증명하겠습니다.

$Y=1$의 전(prior) 확률을 $\pi$라고 하고 $Y=y$에 조건화된 $X$의 확률밀도함수를 $f(x|y)$라고 합시다($y=0,1$). 즉

$$P\{Y=0\}=1-\pi,\ P\{Y=1\}=\pi.$$

그러면 총 확률의 법칙(law of total probability)에 의하여 확률변수 $X$의 주변 밀도함수 $f_X(x)$는

$$\begin{aligned} f_X(x) &= P\{Y=0\}f(x|0)+P\{Y=1\}f(x|1) \\ &= (1-\pi)f(x|0)+\pi f(x|1) \end{aligned}$$

이므로 $X=x$의 실현 후 $Y=1$의 확률은

$$\begin{aligned} P\{Y=1|x\} &= \frac{P\{Y=1\}f(x|1)}{f_X(x)} \\ &= \frac{\pi f(x|1)}{(1-\pi)f(x|0)+\pi f(x|1)} \end{aligned}$$

입니다. 마찬가지로

$$\begin{aligned} P\{Y=0|x\} &= \frac{P\{Y=0\}f(x|0)}{f_X(x)} \\ &= \frac{\pi f(x|0)}{(1-\pi)f(x|0)+\pi f(x|1)}. \end{aligned}$$ ■

$X$와 $Y$가 모두 연속형인 경우의 베이즈 정리는 다음과 같이 기술됩니다.

$X=x$에 조건화된 $Y$의 후(posterior) 밀도 $\pi(y|x)$는

$$\pi(y|x)=\frac{\pi(y)f(x|y)}{\int_{\dot{y}}\pi(\dot{y})f(x|\dot{y})\,d\dot{y}},$$

여기서 $\pi(y)$는 $Y$의 전(prior) 밀도함수이고 $f(x|y)$는 $Y=y$에 조건화된 $X$의 밀도함수입니다.

# 5장

# 통계적 추론

# 5장. 통계적 추론

통계적 추론(統計的 推論, statistical inference)은 표본 데이터의 정보를 모집단 특성이라고 할 수 있는지, 더 정확히는 그렇게 말할 수 있는 모집단 특성의 범위를 특정화하는 작업입니다. 빅데이터의 시대에서는 표본이 곧 모집단이므로 어떤 사람들은 통계적 추론의 역할이 쇠퇴하였다고 말합니다. 과연 그럴까요? 이 장에서는 통계적 추론의 두 기둥인 검정과 신뢰구간을 설명합니다.

## 5.1 통계적 검정

이런 경우에는 이러이러한 방법이 유효하다고 주장한다고 합시다. 그런 생각이 사회에서 수용되고 있지 않다면 이것은 통계적 검정의 대상입니다. 다시 말하여, 그런 주장에 대한 실증적 검토, 즉 데이터에 의한 입증이 요구됩니다. 그리고 입증의 책임은 주장하는 측에 있습니다.

제안 방법의 효과를 $\theta$로 표기합시다. 과학(science)은 회의주의자들의 장(場)입니다. 그런고로 $\theta > 0$을 주장하기 위해서는 뭇사람들의 비아냥거림 $\theta = 0$을 실증적 증거로써 물리쳐야 합니다. 이것을 각각 $H_1$과 $H_0$로 표기하고 대안가설(대립가설, alternative hypothesis)과 영가설(귀무가설, null hypothesis)이라고 일컫습니다:

$$H_0 : \theta = 0 \quad \text{vs.} \quad H_1 : \theta > 0 .$$

데이터 $x_1, \cdots, x_n$을 수집하여 통계량 $T$의 값 $t = t(x_1, \cdots, x_n)$를 산출합니다. 이때, $T$는 큰 값일수록 $H_1$을 주장하는 사람이 힘을 받도록 설정됩니다.

통계적 검정의 논리는 $H_1$의 제안자가 "$H_0$ 하에서 $T$가 $t$ 또는 그보다 더 큰 값을 갖기 어려움"을 회의적인 동료 과학자들에 보여야 한다는 것입니다. 이제 문제는 "어려움"을 어떻게 정량화할 것인가 하는 것이죠. 데이터 $x_1, \cdots, x_n$의 가변성이 고려되어야 합니다.

이때의 핵심 개념은 p-값(p-value)인데, 이것은 영가설 $H_0$ 하에서 통계량 $T$가 $t$ 이상의 값을 취할 확률입니다 (정의). 여기서 "검정통계량" $T$는 임의표본 $X_1, \cdots, X_n$에서 산출되므로 $T = t(X_1, \cdots, X_n)$으로 표기합니다. 실제 실현된 표본은 $x_1, \cdots, x_n$, $T$의 실현값은 $t = t(x_1, \cdots, x_n)$으로 표기합니다.

예 1. 모평균 $\theta$에 대한 검정: $H_0: \theta = 0$ vs. $H_1: \theta > 0$.

한 연구자가 주장하기를 "약 A를 먹으면 체중이 증가한다"고 합시다. 연구자는 이 주장을 뒷받침하는 실증적 증거를 제시해야 합니다. 논리와 방법은 다음과 같습니다.

약 A를 먹은 "평균인"의 체중 증가량을 $\theta$로 표기합시다. 여기서 "평균인"이란 모집단의 중심인물입니다. 실제로는 평균인을 찾을 수 없으므로 모집단에서 임의로 $n$명을 추출하여 체중 증가량을 측정하여 데이터 $x_1, \cdots, x_n$를 확보합니다.

검정통계량 $T$를 표본평균 $\overline{X}$로 합니다. 표본평균이 클수록 연구자의 주장과 합치합니다. $T$의 실현값 $t$는 $\overline{x}$입니다.

임의표본 $X_1, \cdots, X_n$에 대한 확률모형을 세웁니다. 여기서는

$$X_1, \cdots, X_n \sim \text{i.i.d. } N(\theta, \sigma)$$

임을 가정하겠습니다. 여기서 $\sigma$는 모집단의 표준편차인데 표본 표준편차 $S$ 및 그것의 실현값 $s$로 대체하겠습니다. 이제 p-값을 구할 차례입니다.

$$\begin{aligned}\text{p-값} &= P\{\overline{X} \geqq \overline{x};\ H_0\} \\ &\simeq P\left\{\frac{\overline{X}-\theta}{S/\sqrt{n}} \geqq \frac{\overline{x}-\theta}{s/\sqrt{n}};\ H_0\right\} = P\left\{T^* \geqq \frac{\overline{x}}{s/\sqrt{n}}\right\},\end{aligned}$$

여기서

$$T^* = \frac{\overline{X}-\theta}{S/\sqrt{n}} \tag{1}$$

는 자유도 $n-1$의 t 분포를 따르는 확률변수입니다(정리; 증명은 수리통계학 교재 참조). t 분포에서 $\dfrac{\overline{x}}{s/\sqrt{n}}$의 오른쪽 꼬리 확률이 바로 p-값입니다. ■

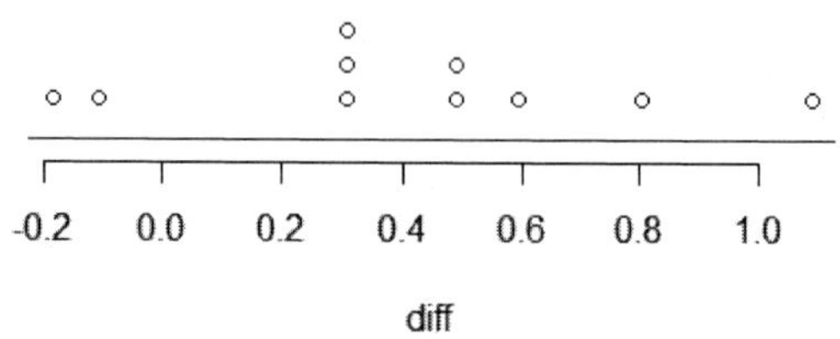


<그림 1> diff (= matB-matA)의 점 플롯

사례 1. BHH2 패키지의 shoes.data는 아동용 신발에서 두 밑창 재료 A와 B 간 마모량 차이에 대한 데이터입니다. 10명의 남자 아이로부터 신발 마모량이 측정되었는데 신발 짝 중에서 임의의 한 쪽의 밑창은 A, 다른 한 쪽의 밑창은 B로 만든 것이었습니다. B의 마모량이 A의 마모량에 비해 크다는 것(= $H_1$)이 연구자의 주장입니다. 데이터는 다음에서 볼 수 있습니다.

```
> library(BHH2)
> data(shoes.data)
> shoes.data
   boy matA sideA matB sideB
1    1 13.2     L 14.0     R
2    2  8.2     L  8.8     R
3    3 10.9     R 11.2     L
4    4 14.3     L 14.2     R
5    5 10.7     R 11.8     L
6    6  6.6     L  6.4     R
7    7  9.5     L  9.8     R
8    8 10.8     L 11.3     R
9    9  8.8     R  9.3     L
10  10 13.3     L 13.6     R
```

A와 B 간 마모량 차이를 정의하고 점 플롯을 그려봅니다. 관측 수가 불과 10개이므로 이것으로부터 마모량 차이의 10개 값이 $N(\theta, \sigma)$ 분포를 따르는지, 아닌지를 분별 있게 말하기 어렵습니다.

```
> attach(shoes.data)
> diff <- matB - matA
> dotPlot(diff)
> mean(diff)
[1] 0.41
> sd(diff)
[1] 0.3871549
```

$\theta$를 A와 B 간 마모량 차이(= `matB-matA`)의 모평균이라고 할 때 영가설과 대안가설은 $H_0$: $\theta = 0$, $H_1$: $\theta > 0$로 나타내지며 검정의 결과는 다음과 같습니다.

```
> t.test(diff, alternative="greater")
One Sample t-test
data:  diff
t = 3.3489, df = 9, p-value = 0.004269
alternative hypothesis: true mean is greater than 0
95 percent confidence interval:
 0.1855736       Inf
sample estimates:
mean of x
     0.41
```

p-값이 0.4%라고 합니다. 이는 연구자에게 힘을 실어줍니다. 그의 가설은 1% 이내의 유의수준에서 지지됩니다. 이런 검정을 t-검정(t-test)이라 합니다.

이제 이 추론의 타당성 여부를 논의해 봅시다. 10명의 피실험자들이 모집단에서 임의 추출되었나요? 확인이 어려우나 아마 아닐 것입니다. 현실적 여건에서 피실험자들은 섭외되었을 것입니다. 그렇긴 해도 이 추론이 완전 허당은 아니라고 봅니다. 왜냐하면 $x_1, \cdots, x_n$이 한 피실험자에서 생성된 두 값 간 차이이므로 개인적 성향이 상쇄되기 때문입니다.

t-검정에 투입되는 $x_1, \cdots, x_n$이 정규분포 $N(\theta, \sigma)$로부터 나왔다고 할 수 있나요? 이에 답하기 위하여 <그림 1>을 참조할 수는 있지만, $n$이 10에 불과하므로

'그렇다'·'아니다'의 어느 한 쪽에 서기 어렵습니다. 왼발과 오른발의 차이가 없다는 전제가 필요합니다만 표본크기 $n$이 작아 확인이 불가합니다. 그렇지만 $X_1, \cdots, X_n$의 분포가 지나치게 비대칭이지 않다면 식 (1)의 통계량 $T^*$가 "근사적으로" $t_{n-1}$ 분포를 따른다는 수리적 결과가 있으므로 이 의문에는 긍정적인 답을 하고 넘어가겠습니다.

$\theta$가 positive 값이면 t-검정은 어떤 결과를 우리에게 제시할까요? $n$이 커짐에 따라 $\frac{\overline{X}}{S}$이 $\frac{\theta}{\sigma}$에 수렴하므로 (큰 값의 법칙 law of large numbers 등으로) 식 (1)의 우변 $\sqrt{n}\frac{\overline{x}}{s}$도 꽤 큰 값이 됩니다. 따라서 p-값은 0으로 퇴화합니다. 이 점은 좋습니다. 왜냐하면 $H_1$: $\theta > 0$가 옳은 경우 $n$이 커짐에 따라 $H_0$: $\theta = 0$가 필연적으로 기각되기 때문입니다.

그러나 일부 문제가 있습니다. $\theta$가 작고 $n$이 큰 경우 실제 효과가 미미함에도 불과하고 단지 $n$의 크기로 인하여 연구자의 주장이 지지된다는 것이죠. 그런 이유로 "빅" 데이터에서는 통계적 검정이 "늑대소년"과 같습니다. 거의 항상 대안가설 $H_1$의 유의성이 "입증"됩니다.

통계적 검정에서 간과되기 쉬운 것이 효과크기(effect size)입니다. 효과크기 $\delta$는

$$\delta = \frac{\theta}{\sigma}$$

로 정의되는데 이 값이 일정 수준(e.g. 0.25) 이상이어야 주의할 만합니다.[1] 통계적 검정에서는 p-값과 아울러 효과크기 $\delta$, 표본크기 $n$을 두루 살펴야 합니다.
요약하자면 통계적 검정을 p-값에만 의존하여 결론내지 말라는 말입니다.

데이터를 보고나서 영가설 $H_0$와 대안가설 $H_1$을 세우는 연구자가 있는데 이것은 과학성을 해치는 일입니다. 데이터를 훑으면서 100개의 가설을 검토하였다면 아무 일 없어도 대체로 5개 정도는 "통계적으로" 유의하기 때문입니다.

---

1) $N(0,\sigma)$ 분포에서 $\frac{X}{\sigma} \geq d$의 확률 $P$는 $d=0$일 때 0.5이고 $d=0.25$일 때 0.4입니다.

## Python의 활용

파이썬에서 다음과 같이 표준정규분포의 확률을 구할 수 있습니다.

```
import pandas as pd
import numpy as np
import statsmodels.api as sm
import matplotlib.pyplot as plt

from scipy.stats import norm
norm.cdf(1.645)                               # 0.9500150944608786
norm.cdf(1.96)                                # 0.9500150944608786
norm.cdf(1.96) - norm.cdf(-1.96)              # 0.950004209703559
(norm.cdf(1.96) - norm.cdf(-1.96)).round(4) # 0.95
```

다음은 짝 관측(paired observations) 데이터에서 차이에 대한 t-검정을 위한 파이썬 스크립트입니다. 적용할 데이터는 R BHH2 패키지의 shoes.data입니다.

```
shoes = pd.read_csv("C:\\Users\\...\\shoes.csv")
type(shoes)
shoes.columns
shoes.shape
shoes.head(5)
#    boy  matA sideA  matB sideB
# 0    1  13.2     L  14.0     R
# 1    2   8.2     L   8.8     R
# 2    3  10.9     R  11.2     L
# 3    4  14.3     L  14.2     R
# 4    5  10.7     R  11.8     L

shoes.diff = shoes.matB - shoes.matA
shoes.diff.describe()
```

```
# count    10.000000
# mean      0.410000
# std       0.387155
# min      -0.200000
# 25%       0.300000
# 50%       0.400000
# 75%       0.575000
# max       1.100000
# dtype: float64

from scipy import stats
stats.ttest_rel(shoes.matB, shoes.matA)
# Ttest_relResult(statistic=3.348876536221576, pvalue=0.00853878071759894)

stats.ttest_1samp(shoes.diff, 0)
# Ttest_1sampResult(statistic=3.348876536221576, pvalue=0.00853878071759894)

t, p_value = np.round(stats.ttest_1samp(shoes.diff, 0), 3)
print(t, p_value)
# 3.349 0.009
```

## 5.2 신뢰구간

모집단 비율 $\theta$에 관심을 갖고 있다고 합시다. 예컨대 평창 올림픽 여자 아이스하키에서 남북단일팀을 구성하는 데 대한 찬성 비율 같은 것입니다. 마침 가용한 데이터(크기 $n$)가 있어 보았더니 표본에서 (찬성) 비율이 $p$이었습니다. 당연히 $p$는 $\theta$에 대한 정보를 가집니다. 그렇다고 $p$가 $\theta$인 것은 아닙니다.

$p$로부터 "그럴듯한" $\theta$의 구간을 산출하는 방법을 이 절에서 소개하고자 합니다. 사실 표본비율 $p$는 표본 $x_1, \cdots, x_n$의 평균 $\bar{x}$입니다. 여기서 $x_i$는 개체 $i(=1, \cdots, n)$가 반대이면 0, 찬성이면 1입니다.

표본 $x_1, \cdots, x_n$이 비율 $\theta$의 모집단에서 임의추출된 경우, $p$는 $n$이 커짐에 따라 $\theta$에 수렴해갑니다(큰 수의 법칙, law of large numbers). 또한

$$\sum_{i=1}^{n} X_i \ (= S) \sim B(n, \theta),$$

즉

$$\text{For given } \theta, \ f(s|\theta) = \binom{n}{s} \theta^s (1-\theta)^{n-s}, \ s = 0, 1, \cdots, n-1, n$$

입니다. $\theta$의 전(前, prior) 분포로

$$\pi(\theta) = 1, \ 0 < \theta < 1$$

를 고려하기로 합시다. 베이즈 정리에 따라 $\theta$의 후(後, posterior) 분포는

$$\pi(\theta|s) \propto \theta^s (1-\theta)^{n-s}, \quad 0 < \theta < 1 \tag{2}$$

로 표현되는데, 이 분포를 베타 분포 Beta$(s+1, n-s+1)$라고 합니다. 또한 (2)는, $s \neq 0, n$인 경우, $\hat{\theta} := \dfrac{s}{n}$에서 정점을 찍는 단봉 형태입니다.

<그림 2>는 $n=10$, $s=6$에서 나오는 후분포 Beta$(s+1, n-s+1)$의 밀도함수입니다. $\hat{\theta} = 0.6$에서 밀도함수가 최대임을 볼 수 있습니다. 그리고 수치적분에 의하여

$$\int_{0.5}^{0.7} \pi(\theta|s) d\theta = 0.515,$$

즉 $P\{0.5 \leqq \theta \leqq 0.7 | S = 6\}$가 51.5% 입니다.

```
> pbeta(0.7,6+1,4+1) - pbeta(0.5,6+1,4+1)
[1] 0.5152813
```

앞에서는 특정 구간에 $\theta$가 들어갈 후확률(posterior probabiltiy)을 구했는데 이제는 후확률이 0.95가 되는 $\theta$의 구간 $(c_l, c_u)$을 구하려 합니다. 구간의 양 끝은

$$\int_0^{c_l} \pi(\theta|s) d\theta = 0.025, \ \int_0^{c_u} \pi(\theta|s) d\theta = 0.975$$

에서 나옵니다. 후확률이 0.95인 $\theta$의 구간은 $(0.308, 0.833)$입니다.

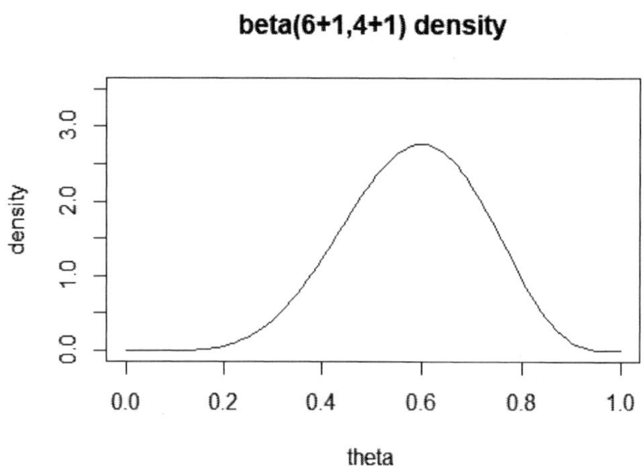


<그림 2> Beta(6+1, 4+1) 분포의 확률밀도함수

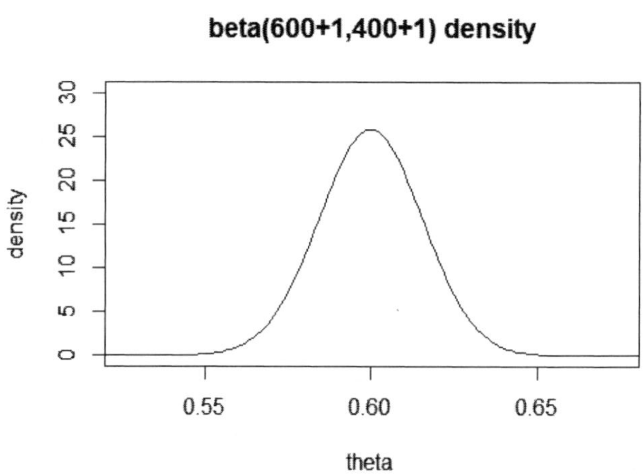


<그림 3> Beta(600+1, 400+1) 분포의 확률밀도함수

```
> qbeta(0.025, 6+1, 4+1)
[1] 0.3079047
> qbeta(0.975, 6+1, 4+1)
[1] 0.8325119
```

이렇게 구해지는 구간을 95% 베이즈 신뢰구간(Bayesian credible interval)이라고 합니다. 물론 이 사례의 신뢰구간은 폭이 넓어 현실적 의미가 없습니다($n$이 10에 불과). 현실적인 예로서 $n=1000$, $s=600$인 경우를 생각해보기로 합시다.

이 경우 $\theta$의 후분포는 <그림 3>과 같습니다. 밀도함수도 $\hat{\theta}=0.6$에서 정점을 찍는 단봉 형태입니다. $\theta$의 정의역은 $(0,1)$이나 실제로는 $(0.55, 0.65)$ 정도로 보입니다. $\theta$에 관한 95% 베이즈 신뢰구간은 $(0.569, 0.630)$입니다.

```
> qbeta(0.025, 600+1, 400+1)
[1] 0.5692978
> qbeta(0.975, 600+1, 400+1)
[1] 0.6299256
```

$n$이 크고 $p$가 작지 않은 경우엔 $\theta$에 관한 95% 신뢰구간을 다음과 같이 수식으로 구할 수도 있습니다.

$$(k_{0.025}, k_{0.975}) = p \pm 1.96\sqrt{\frac{p(1-p)}{n}}. \quad (3)$$

수치 예: $n=1000$, $s=600$인 경우, $k_{0.025}=0.570$, $k_{0.975}=0.630$입니다.

$n$이 크지 않거나 $p$가 작은 경우엔 식 (3)의 구간은 신뢰할 만하지 않습니다.

이런 신뢰구간이 타당하려면 표본 $x_1, \cdots, x_n$이 목표 모집단을 잘 대표하여야 합니다. 임의표본추출로 표본이 확보된 경우엔 대표성을 믿어도 되겠지만, 그렇지 않은 경우엔 신뢰구간의 타당성에 의문을 던지는 것이 당연합니다. 왜냐고요?

표본 데이터가 모집단의 일부(= 부집단 1)에서만 발생하고 나머지 일부(= 부집단 2)에서는 발생하지 않는 경우를 생각해봅시다. 그런데 부집단 1과 부집단 2의 구성 비율이 $\alpha$ 대 $1-\alpha$라고 합시다($0<\alpha<1$). 마지막으로 부집단 1에서 찬성 비율이 $\theta_1$, 부집단 2에서 $\theta_2$라고 합시다. 그러면 표본비율 $p$는 $n$이 커짐에 따라 $\theta_1$에 수렴합니다($\theta=\alpha\theta_1+(1-\alpha)\theta_2$가 아니라). 즉 $p$는

$$\theta_1-\theta=(1-\alpha)(\theta_1-\theta_2)$$

만큼의 편향(bias)을 갖습니다. 이 편향은 $\alpha=1$이거나 $\theta_1=\theta_2$여야 없어집니다.

운영기록으로부터 데이터가 얻어지는 "빅데이터" 상황에서는 편향의 크기가 심할 수 있으므로 조심해야 합니다. 어떤 방향으로 편향이 발생할 것 같은지 숙고가 필요합니다. 데이터가 크다고 마음 놓을 일이 아닙니다.

예컨대 평창 올림픽 여자 아이스하키에서 남북단일팀을 구성하는 데 대한 온라인 의견을 1,000건 크롤링한 결과 찬성 비율이 0.6으로 나타났다고 합시다. 이로부터 찬성률 $\theta$에 대한 95% 신뢰구간을 구해보면 $(0.57, 0.63)$입니다. 그렇다고 해서 과반수 찬성이라고 결론지을 수 없습니다. 왜냐하면 온라인 공간에 의견을 표출하는 집단은 전체가 아니라 일부이기 때문입니다.

## Python의 활용

1,000회의 이항 관측에서 600회의 성공(1)과 400회의 실패(0)를 얻은 경우 성공확률 $\theta$에 대한 베이즈 신뢰구간을 구해볼까요? (신뢰확률 95%)

```
n = 1000
s = 600
p = s/n

from scipy.stats import beta
a, b = s+1, n-s+1

conf = (beta.ppf(0.025, a, b), beta.ppf(0.975, a, b))
np.round(conf, 4)
# array([0.5693, 0.6299])
```

$\theta$에 대한 전통적인 빈도적 95% 신뢰구간은 다음으로 구할 수 있습니다.

```
from statsmodels.stats.proportion import proportion_confint
proportion_confint(count=s, nobs=n, alpha=0.05, method='normal')
# (0.5696363685148401, 0.6303636314851598)
```

## 5.3 보론

이 장의 1절은 모평균 $\theta$에 대한 통계적 검정을 다루었습니다. 이외에 통계적 검정의 가짓수는 수백, 수천입니다. 그러나 기본 철학은 거의 같습니다. 통계적 검정을 보는 비판적 시각을 일관성 있게 유지해야 합니다.
이 장의 2절에서는 베이즈적 관점에서 모비율 $\theta$에 대한 95% 신뢰구간을 다루었습니다. 신뢰구간도 데이터 상황과 가정된 모형에 따라 가짓수가 수백, 수천입니다. 방법론의 기본 골격은 같습니다. 빅데이터라고 해서 추론의 정확성이 확보되지 않는다는 점을 명심하기 바랍니다.

더 많은 통계적 검정과 신뢰구간에 대하여는 허명회(2011)의 《R을 활용한 통계적 개념・방법・응용》(자유아카데미)을 참조하기 바랍니다.

## 체크포인트

p-값은 영가설 $H_0$ 하에서 통계량 $T$가 관측된 $t$ 이상의 값을 취할 확률입니다. $T$의 값 $t$가 클수록 대안가설 $H_1$의 제안자가 힘을 받습니다. 관측 데이터를 탐색하여 가설을 세우고 다시 그 데이터로 가설을 입증하는 것은 비과학적입니다.

표본크기 $n$이 클수록 $\theta$에 대한 신뢰구간의 폭이 작아집니다. 그렇다고 해서 정확성이 자동으로 높아지는 것은 아닙니다. 소위 "빅데이터"에서는 신뢰구간 추론 시 편향이 우려됩니다.

## R 스크립트

5.1절 5_shoes.R

5.2절 5_beta.R

## 파이썬 스크립트

05_통계적 추론.py

shoes.csv

# 6장

# 회귀모형

# 6장. 회귀모형

관심 변수가 수치형(연속형)인 데이터 분석에서 회귀모형은 그 변수의 변이가 무엇과 어떻게 연관되어 있는가를 다룹니다. 이 장에서는 설명이 목적인 회귀분석에서 선형회귀모형과 lowess, 일반화 가법모형 등 비선형적 회귀를 다룹니다.

## 6.1 산점도와 단순선형회귀

수치형 관심 변수 $Y$에 대하여 그것과 연관성이 있을 것으로 생각된 제2의 변수 $X$가 수치형인 경우 산점도(散點圖, scatter plot)가 자연스러운 시각화입니다.[1)]

예로서, **cars** 데이터에서 **speed**(= 자동차 속도)와 **dist**(= 제동 거리) 간 관계를 봅시다. <그림 1>이 **dist** 대 **speed**의 산점도입니다. 당연하게, **speed**가 클수록 **dist**가 길어집니다. 그러면 **speed**의 특정값에서 기대되는 **dist**는 얼마일까요? 이에 답하기 위하여 일반적인 맥락에서 다음과 같이 접근합니다.

목표변수(target variable; 반응변수, 종속변수)를 $Y$로 표기하고 이 변수와 연관된 제2의 변수인 공변량(covariate; 설명변수, 예측변수)을 $X$로 표기합니다. $Y$에 영향을 주는 변수가 $X$ 말고도 여럿 있을 수 있으므로 그런 요인들의 총체적 효과를 $\epsilon$으로 표기합니다. 이를 수식화하여

$$Y = h(X; \underline{\theta}) + \epsilon, \quad \epsilon \sim \dot{N}(0, \sigma) \tag{1}$$

로 씁니다. 여기서 $\dot{N}(0, \sigma)$은 꼭 정규분포라기보다는 대략 "0을 중심으로 대칭적이고 일정한 산포 $\sigma$를 갖는 확률분포"로 생각하면 됩니다. 그리고 $h(X; \underline{\theta})$는 $\underline{\theta}$에 의해 인덱스되는 일정 유형 군에 속하는 $X$의 함수를 말합니다. (1)을 회귀모형(回歸模型, regression model)이라 합니다.

1) 제2의 변수 $X$가 범주형인 경우엔 평행 상자그림(parallel box plots)이 좋습니다. 이에 대하여는 1장에서 다룬 바 있습니다.

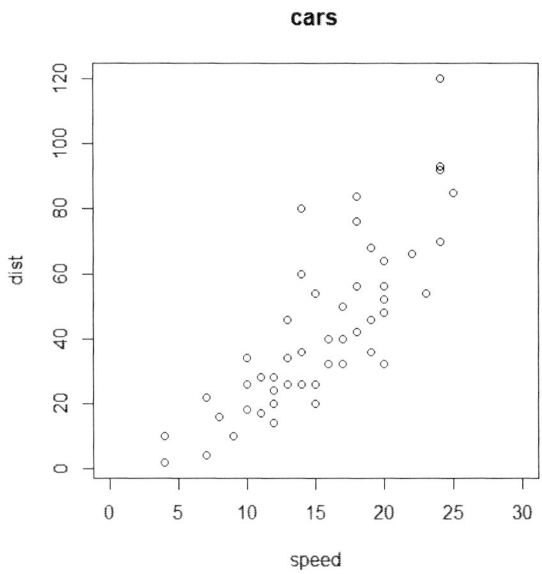


<그림 1> dist 대 speed의 산점도

회귀모형 (1)의 가장 간단한 경우가 단순선형회귀(simple linear regression)입니다. 즉

$$Y = \beta_0 + \beta_1 X + \epsilon\,,\ \epsilon \sim \dot{N}(0, \sigma) \tag{2}$$

이고 여기서 $(\beta_0, \beta_1)$가 식 (1)의 $\underline{\theta}$에 해당합니다.

모형의 적합을 위해서는 데이터가 필요합니다. 그것을 $(x_1, y_1), \cdots, (x_n, y_n)$이라고 할 때, 모형 (2)에서 $\beta_0$와 $\beta_1$을 적합시키는 전형적 방법은 최소제곱법, 즉

$$\min_{\beta_0, \beta_1} \sum_{i=1}^{n} (y_i - \beta_0 - \beta_1 x_i)^2$$

입니다. 이것의 해는 다음과 같습니다.

$$\hat{\beta}_1 = \frac{\sum_{i=1}^{n} (x_i - \overline{x})(y_i - \overline{y})}{\sum_{i=1}^{n} (x_i - \overline{x})^2}, \quad \hat{\beta}_0 = \overline{y} - \hat{\beta}_1 \overline{x}.$$

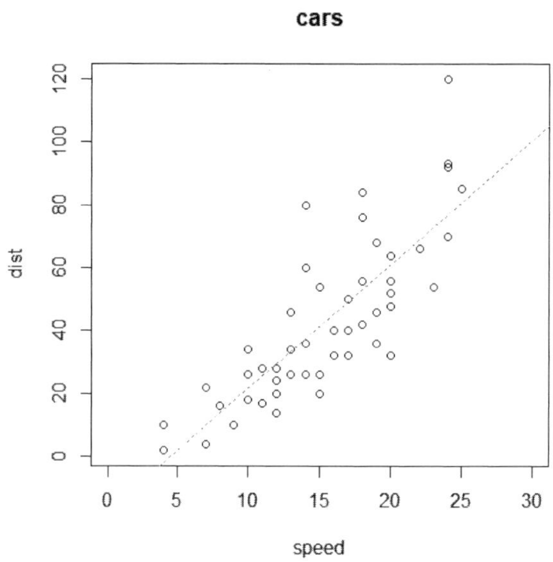


<그림 2> **dist**를 **speed**에 선형회귀한 결과

**cars** 데이터 사례에서 $\beta_0$와 $\beta_1$의 적합값은 각각 -17.6과 3.93입니다. <그림 2>에서 점선은 **dist**를 **speed**에 선형회귀한 결과입니다.

```
> data(cars)
> str(cars)
'data.frame':   50 obs. of  2 variables:
 $ speed: num  4 4 7 7 8 9 10 10 10 11 ...
 $ dist : num  2 10 4 22 16 10 18 26 34 17 ...
> attach(cars)
> mod.1 <- lm(dist ~ speed)
> mod.1
Coefficients:
(Intercept)       speed
    -17.579       3.932
> plot(dist ~ speed, xlim=c(0,30), main="cars")
> abline(lm(dist ~ speed), col="red", lty="dotted")
```

<그림 2>에서 관측된 개체 점들과 적합 선을 대조해보면 적합 선이 다소 경직된 감을 줍니다. 직선보다는 아래로 볼록하게 약간 휜 곡선이 낫지 않나요? 이에 대하여는 이 장의 3절에서 다루겠습니다.

## Python의 활용

R **datasets** 패키지의 **cars** 데이터에서 **dist**를 **speed**에 회귀하기 위한 파이썬 코딩을 해보겠습니다. 먼저 데이터를 파이썬에 넣습니다.

```
import pandas as pd
import numpy as np
import statsmodels.api as sm
import matplotlib.pyplot as plt

cars = sm.datasets.get_rdataset("cars", package="datasets")['data']
cars.head(5)
#    speed  dist
# 0      4     2
# 1      4    10
# 2      7     4
# 3      7    22
# 4      8    16
```

이어서 **(speed, dist)**에 대한 산점도를 그립니다(적합 회귀선을 추가).

```
fig = plt.subplots(figsize =(6, 6))
plt.scatter(cars.speed, cars.dist)
plt.title("cars")
plt.xlabel("speed")
plt.ylabel("dist")
m, b = np.polyfit(cars.speed, cars.dist, 1)
plt.plot(cars.speed, m * cars.speed + b)
plt.show()
```

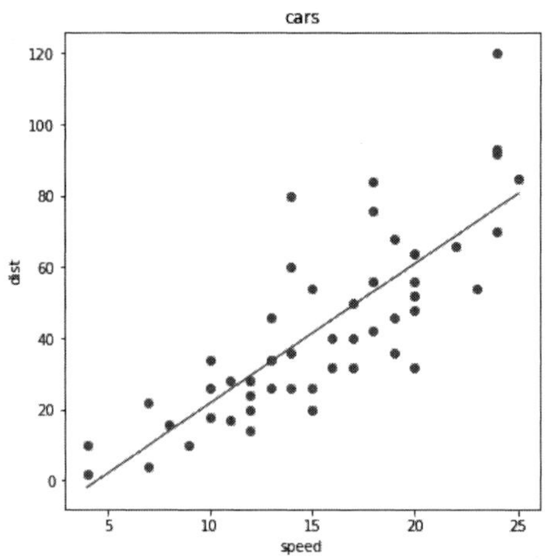


<그림 1-1> (speed, dist)에 대한 파이썬 산점도

dist를 반응변수로, speed를 설명변수로 설정하고 선형회귀모형을 적합합니다.

```
X = sm.add_constant(cars.speed)
Y = cars.dist
model = sm.OLS(Y, X)
model_fit = model.fit()
print(model_fit.summary())
```

```
# OLS Regression Results
# Dep. Variable:                dist   R-squared:               0.651
# Method:              Least Squares   F-statistic:             89.57
# No. Observations:               50   AIC:                     417.2
# Df Residuals:                   48   BIC:                     421.0
# ==========================================================================
#              coef     std err        t      P>|t|     [0.025    0.975]
# --------------------------------------------------------------------------
# const    -17.5791     6.758     -2.601     0.012    -31.168    -3.990
# speed      3.9324     0.416      9.464     0.000      3.097     4.768
:
(일부 출력 생략)
```

## 6.2 다중선형회귀

수치형 목표변수 $Y$에 대하여 숙고해보면 처음의 공변량 $X$ 외에 제2, 제3, … 의 공변량으로부터 $Y$가 영향을 받을 것으로 생각될 수 있습니다. 2개 이상의 공변량들을 $X_1, X_2, \cdots, X_p$라고 하고 데이터를 확보했다고 합시다. 그러면 $Y$에 대한 회귀모형이

$$Y = h(X_1, X_2, \cdots, X_p; \underline{\theta}) + \epsilon, \ \epsilon \sim \dot{N}(0, \sigma)$$

로 표현됩니다. 그리고 이것의 간단한 형태인 선형회귀모형은

$$Y = \beta_0 + \beta_1 X_1 + \beta_2 X_2 + \cdots + \beta_p X_p + \epsilon, \ \epsilon \sim \dot{N}(0, \sigma) \qquad (3)$$

입니다. 모형 (3)의 적합을 위해서는 데이터로

$$(x_{11}, x_{12}, \cdots, x_{1p}, y_1), \cdots, (x_{n1}, x_{n2}, \cdots, x_{np}, y_n)$$

이 가용한 경우, $\beta_0, \beta_1, \cdots, \beta_p$는 잔차제곱 합의 최소화

$$\min_{\beta_0, \beta_1, \cdots, \beta_p} \sum_{i=1}^{n} (y_i - \beta_0 - \beta_1 x_{i1} - \cdots - \beta_p x_{ip})^2$$

을 통해 얻습니다. 이것의 해는 다음과 같이 행렬대수 계산으로부터 산출됩니다.

$$\hat{\underline{\beta}} = (X^t X)^{-1} X^t \underline{y},$$

여기서 $\underline{\beta}$는 $(\beta_0, \beta_1, \cdots, \beta_p)^t$이고 $\underline{y} = (y_1, \cdots, y_n)^t$입니다. 그리고 $X$는 $1+p$개 열 벡터 $\underline{1}, \underline{x}_1, \cdots, \underline{x}_p$가 병합된 $n \times (1+p)$ 행렬입니다:

$$\underline{1} = (1, \cdots, 1)^t, \ \underline{x}_j = (x_{1j}, \cdots, x_{nj})^t, \ j = 1, \cdots, p.$$

즉

$$X = (\underline{1}, \underline{x}_1, \cdots, \underline{x}_p) : \ n \times (1+p).$$

`mosaic` 패키지의 `SAT` 데이터는 미국수능(scholastic aptitude test)에서 50개 주의 수능점수(평균) `sat`, 교사의 연봉(평균) `salary`, 시험응시자 비율 `frac` 등의 변수들을 담고 있습니다. `sat` $(= Y)$를 `salary` $(= X_1)$과 `frac` $(= X_2)$에 회귀시켜보겠습니다. 교사연봉이 높을수록, 시험응시자 비율이 낮을수록 수능점수(평균)이 높아질 것으로 예상됩니다.

```
> library(mosaic)
> data(SAT)
> str(SAT)
'data.frame':   50 obs. of  8 variables:
 $ state : Factor w/ 50 levels "Alabama","Alaska",..: 1 2 3 4 5 ...
 $ expend: num  4.41 8.96 4.78 4.46 4.99 ...
 $ ratio : num  17.2 17.6 19.3 17.1 24 18.4 14.4 16.6 19.1 16.3 ...
 $ salary: num  31.1 48 32.2 28.9 41.1 ...
 $ frac  : int  8 47 27 6 45 29 81 68 48 65 ...
 $ verbal: int  491 445 448 482 417 462 431 429 420 406 ...
 $ math  : int  538 489 496 523 485 518 477 468 469 448 ...
 $ sat   : int  1029 934 944 1005 902 980 908 897 889 854 ...
> attach(SAT)
```

일차적으로 **sat**$(= Y)$를 **salary**$(= X_1)$에 회귀시켜보겠습니다. 그 결과는

```
> lm(sat ~ salary)
Coefficients:
(Intercept)       salary
   1158.86         -5.54
```

입니다(**salary**와 **sat** 간 상관계수는 -0.44). "교사연봉이 높을수록 수능점수가 낮아진다"는 것이니 이상하지 않나요? 이와 같이 적합모형이 도저히 합리적이지 않은 경우가 있습니다. 가능한 원인 중 하나는 $Y$에 영향을 주면서 $X_1$과 연관성이 높은 제3의 변수 $X_2$, 즉 교락변수(交絡變數, confounding variable)가 고려되지 않았기 때문입니다.

이런 상황을 구원할 교락변수는 시험응시자 비율 **frac**입니다. <그림 3>을 보세요(**frac**와 **salary** 간 상관계수는 0.62, **frac**과 **sat** 간 상관계수는 -0.89).

```
> windows(height=4.5, width=8)
> par(mfrow=c(1,2))
> plot(frac, salary, main="SAT")
> plot(frac, sat, main="SAT")
```

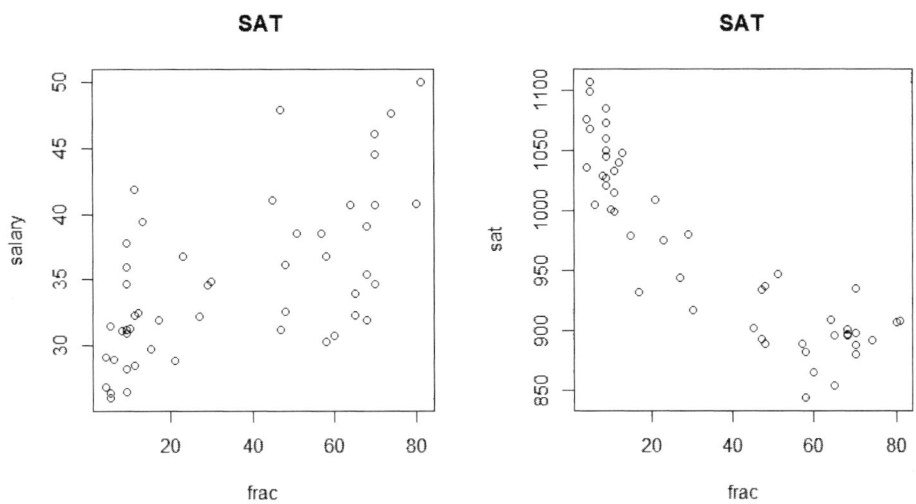


<그림 3> 제3의 변수 frac과 다른 변수들 간의 연관성

sat를 salary과 frac에 회귀시킨 결과는 다음과 같습니다.

```
> lm(sat ~ salary + frac)
Coefficients:
(Intercept)       salary         frac
    987.900        2.180       -2.779
```

이제 교사연봉 salary의 계수가 플러스로 돌아왔습니다. 시험응시자 비율 frac이 통제된 상황에서 salary는 플러스 효과를 주는 요인인 것입니다. 그리고 시험응시자 비율 frac의 계수가 마이너스인데, 교사연봉 salary가 일정한 수준에서는 응시자가 소수일수록 수능점수가 큰 것은 당연합니다.[2)]

2) 교사연봉은 교육의 질적 수준으로 이어지고 응시자 비율이 작다는 것은 공부를 잘하는 소수의 학생들이 시험에 응시한다는 의미이므로.

### 다중선형회귀에서의 변수선택

가용 공변량(설명변수)이 많은 경우에는 회귀모형에 모두 투입하는 것보다 그 중 일부만 선택하여 쓰는 것이 좋습니다. 모형의 평가는 정보량 기준에 의하며 정보량 기준(Information Criterion)에는 AIC(Akaike __)와 BIC(Bayesian __)가 있습니다. 두 기준 모두

$$\text{Information Criterion} = -2 \cdot \max_{\underline{\theta}} \log_e L(\underline{\theta}) + k \cdot \dim(\underline{\theta})$$

의 형태인데 이 값이 작은 모형이 상대적으로 선호됩니다. AIC에서는 $k = 2$이고 BIC에서는 $k = \log_e n$입니다.

변수선택의 방법은 큰 모형에서 시작하여 정보량 기준을 감소시키는 변수를 제거하되 필요하다면 변수를 추가하는 "both" 방법 등이 있습니다. R에서 `MASS` 패키지의 `stepAIC()`에 변수선택 기능이 구현되어 있습니다.

앞의 `SAT` 데이터에서 반응변수 `sat`에 대한 회귀모형에 `salary, frac, expend, ratio` 등 4개의 설명변수를 넣고[3] 이 중에서 필요한 것만 선택하겠습니다. BIC를 정보량 기준으로 지정하였습니다.

```
> library(MASS)
> model.4 <- lm(sat ~ ., data=SAT[, c(4,5,2,3,8)])
> summary(model.4)
Coefficients:
             Estimate Std. Error t value Pr(>|t|)
(Intercept) 1045.9715    52.8698  19.784  < 2e-16 ***
salary         1.6379     2.3872   0.686    0.496
frac          -2.9045     0.2313 -12.559 2.61e-16 ***
expend         4.4626    10.5465   0.423    0.674
ratio         -3.6242     3.2154  -1.127    0.266
---
Residual standard error: 32.7 on 45 degrees of freedom
Multiple R-squared:  0.8246,    Adjusted R-squared:  0.809
F-statistic: 52.88 on 4 and 45 DF,  p-value: < 2.2e-16
```

3) ratio는 교사 1인당 학생 수이고 expend는 학생 1인당 지출비용입니다.

```
> step <- stepAIC(model.4, direction="both", k = log(nrow(SAT)))
Start:  AIC=363.04                               ← 시작: 4개 설명변수 모형
sat ~ salary + frac + expend + ratio
        Df Sum of Sq    RSS    AIC
- expend  1       191  48315 359.32              ← expend를 제거하는 것이 최선
- salary  1       503  48627 359.64
- ratio   1      1359  49483 360.52
<none>                 48124 363.04
- frac    1    168688 216812 434.39

Step:  AIC=359.32                                ← 새 단계
sat ~ salary + frac + ratio
        Df Sum of Sq    RSS    AIC
<none>                 48315 359.32              ← 제거/추가가 없는 현재가 최선
- ratio   1      5023  53338 360.36
- salary  1      6782  55097 361.98
+ expend  1       191  48124 363.04
- frac    1    171126 219441 431.08

> summary(step)
Coefficients:                                    ← 변수선택의 종료된 '최종' 모형
            Estimate Std. Error t value Pr(>|t|)
(Intercept) 1057.8982    44.3287  23.865   <2e-16 ***
salary         2.5525     1.0045   2.541   0.0145 *
frac          -2.9134     0.2282 -12.764   <2e-16 ***
ratio         -4.6394     2.1215  -2.187   0.0339 *
---
Residual standard error: 32.41 on 46 degrees of freedom
Multiple R-squared:  0.8239,    Adjusted R-squared:  0.8124
F-statistic: 71.72 on 3 and 46 DF,  p-value: < 2.2e-16
```

4개 설명변수 salary, frac, expend, ratio 중 expend가 제거되고 나머지 3개가 남아 최종 모형을 형성하였습니다. expend와 salary는 상관이 큰 "경쟁" 관계인데 그런 상황에서는 두 변수가 같이 모형에 들어가기 어렵습니다.

## Python의 활용

mosaic 패키지의 SAT 데이터에서 반응변수 sat에 대하여 설명변수 salary에 의한 단순선형회귀와 salary와 frac에 의한 다중선형회귀를 해보겠습니다.

```
SAT = sm.datasets.get_rdataset("SAT", package="mosaicData")['data']
type(SAT)
SAT.columns
SAT.shape
SAT.head(5)
#        state  expend  ratio  salary  frac  verbal  math   sat
# 0    Alabama   4.405   17.2  31.144     8     491   538  1029
# 1     Alaska   8.963   17.6  47.951    47     445   489   934
# 2    Arizona   4.778   19.3  32.175    27     448   496   944
# 3   Arkansas   4.459   17.1  28.934     6     482   523  1005
# 4 California   4.992   24.0  41.078    45     417   485   902

X = sm.add_constant(SAT.salary)
Y = SAT.sat
model = sm.OLS(Y, X)
model_fit = model.fit()
print(model_fit.summary())

# OLS Regression Results
# Dep. Variable:                sat   R-squared:                0.193
# Model:                        OLS   Adj. R-squared:           0.177
# No. Observations:              50   AIC:                      565.6
# Df Residuals:                  48   BIC:                      569.5
# ==========================================================================
#               coef   std err          t      P>|t|     [0.025     0.975]
# --------------------------------------------------------------------------
# const    1158.8588    57.659     20.098      0.000   1042.927   1274.791
# salary     -5.5396     1.632     -3.394      0.001     -8.822     -2.257
```

```
x_var = ["salary", "frac"]
X1 = SAT[x_var]
X = sm.add_constant(X1)
Y = SAT.sat
model = sm.OLS(Y, X)
model_fit = model.fit()
print(model_fit.summary())

# OLS Regression Results
# Dep. Variable:                sat   R-squared:                  0.806
# Model:                        OLS   Adj. R-squared:             0.797
# No. Observations:              50   AIC:                        496.5
# Df Residuals:                  47   BIC:                        502.2
# ======================================================================
#              coef    std err          t    P>|t|     [0.025    0.975]
# ----------------------------------------------------------------------
# const    987.9005     31.877     30.991    0.000    923.771  1052.030
# salary     2.1804      1.029      2.119    0.039      0.110     4.251
# frac      -2.7787      0.228    -12.163    0.000     -3.238    -2.319
```

## 6.3 산점도 평활 lowess

6.1절에서는 관심변수 $Y$에 1개의 공변량 $X$에 회귀하면서 회귀함수를 $\beta_0 + \beta_1 x$로 놓은 바 있습니다(여기서 $x$는 $X$의 값). 그런데 이것은 모형화의 제1 원칙 "절약성의 원리(principle of parsimony)"에 대한 지나친 믿음이 아닐 수 없습니다. 회귀함수가 직선형이 아니라 곡선형일 수 있으니까요.

lowess(locally weighted scatterplot smoothing) 방법은 다음 알고리즘으로 곡선형의 회귀함수를 만들어냅니다.

$x_1 < x_2 < \cdots < x_n$을 전제합니다. 각 $i\,(=1, \cdots, n)$에 대하여

1) $x = x_i$를 중심으로 너비 $K(=2k+1)$의 윈도우를 만듭니다: 윈도우에는 다음 개체들이 포함됩니다.[4)]

$$(x_{i-k}, y_{i-k}), \cdots, (x_{i-1}, y_{i-1}), (x_i, y_i), (x_{i+1}, y_{i+1}), \cdots, (x_{i+k}, y_{i+k}).$$

2) 개체 $i+j$에 다음과 같은 가중치 $w_j$가 부여됩니다($j = 0, \pm 1, \cdots, \pm k$).

$$w_j = \left(1 - (d_j / d_{\max})^3\right)^3,$$

여기서 $d_j = |x_{i+j} - x_i|$이고 $d_{\max} = \max(d_0, d_{\pm 1}, \cdots, d_{\pm k})$입니다. 따라서 $w_0 = 1$이 가중치들 중에서 가장 큽니다.

3) 윈도우 내에서 가중최소제곱(weighted least squares) 법으로 $y = \alpha_0 + \alpha_1 x$의 적합선을 찾습니다.[5)] $x = x_i$에서의 회귀적합값은 $\hat{y}_i = \hat{\alpha}_0 + \hat{\alpha}_1 x_i$입니다.

$n$개 점 $(x_1, \hat{y}_1), \cdots, (x_i, \hat{y}_i), \cdots, (x_n, \hat{y}_n)$을 선분으로 연결합니다. 이것이 lowess 선입니다.[6)] lowess는 비모수적 회귀(nonparametric regression)의 일종입니다.

<그림 4>는 6.1절의 **cars** 데이터에서 **dist** 대 **speed**의 산점도에 lowess 곡선을 추가한 그래프입니다. <그림 2>의 회귀직선과 비교하여 다소 볼록한 함수가 모습을 드러냈습니다.

```
> plot(dist ~ speed, xlim=c(0,30), main="cars")
> lines(lowess(dist ~ speed), col="blue")
```

이상에서 적용된 평활너비 $K$는 R의 **lowess()** 함수에서 디폴트인 $0.67n$ 입니다. 상대적 평활너비 $f(=K/n)$가 클수록 lowess 회귀선이 직선 형태가 되고 $f$가 작을수록 lowess 회귀선이 굴곡진 형태가 됩니다. 시각적으로 지나치게 단순하거나 반대로 지나치게 굴곡진 형태가 되는 것은 좋지 않습니다.

---

4) 어떤 $i$에서는 너비 $K(=2k+1)$의 윈도우에 포함되는 개체 수가 $K$보다 작습니다. 그러나 항상 $K/2$ 보다 큽니다.

5) $\sum_{j=-k}^{k} w_j (y_{i+j} - \alpha_0 - \alpha_1 x_{i+j})^2$를 $\alpha_0$와 $\alpha_1$에 대하여 최소화합니다. 이렇게 찾은 파라미터를 $\hat{\alpha}_0$와 $\hat{\alpha}_1$으로 표기합니다.

6) 따라서 엄격히 말하면 곡선이라기보다는 선분들의 연결(connected segments)입니다.

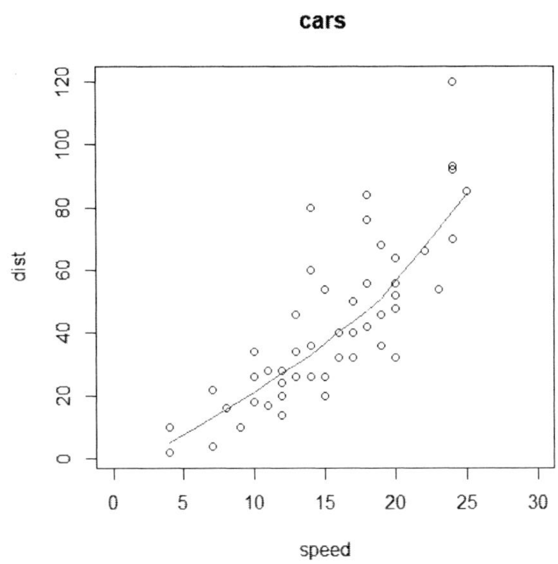


<그림 4> **dist** 대 **speed**: 산점도 평활 lowess 곡선( $f=0.67$ )

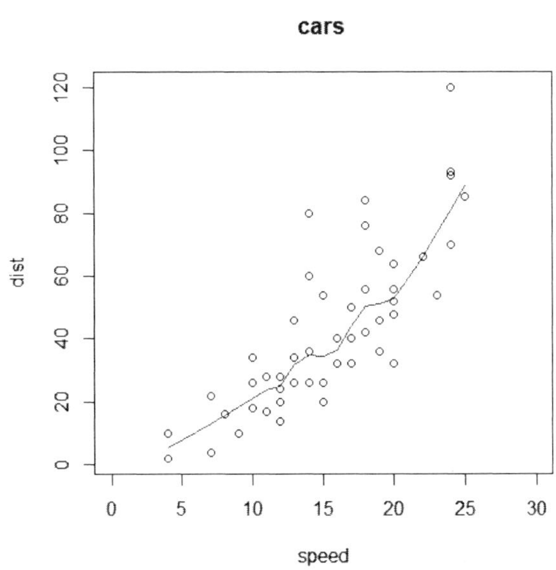


<그림 5> **dist** 대 **speed**: 산점도 평활 lowess 곡선( $f=0.33$ )

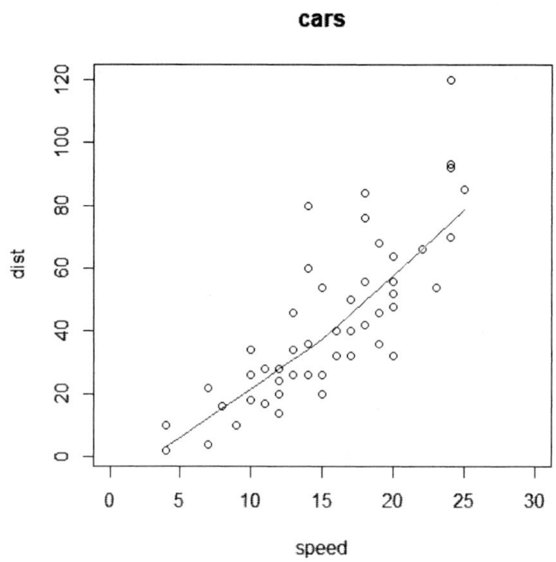


<그림 6> **dist** 대 **speed**: 산점도 평활 lowess 곡선($f = 2$)

<그림 5>는 같은 데이터에 상대적 평활너비 $f$를 0.33으로 줄였을 때의 lowess 곡선입니다. 굴곡이 지나치다고 봐야겠지요. 반면 <그림 6>은 상대적 평활너비 $f$를 2로 늘였을 때의 lowess 곡선입니다. 거의 직선에 가깝습니다(완전히 직선이 아닌 이유는 개체별로 약간씩 다른 가중치가 적용되기 때문입니다).

## Python의 활용

`cars` 데이터의 (`speed, dist`)에 `lowess`를 적용해보겠습니다.

```
lowess = sm.nonparametric.lowess
plt.ioff()
fig = plt.subplots(figsize =(4, 4))
plt.scatter(cars.speed, cars.dist)
curve = lowess(cars.dist, cars.speed, frac=0.6)
```

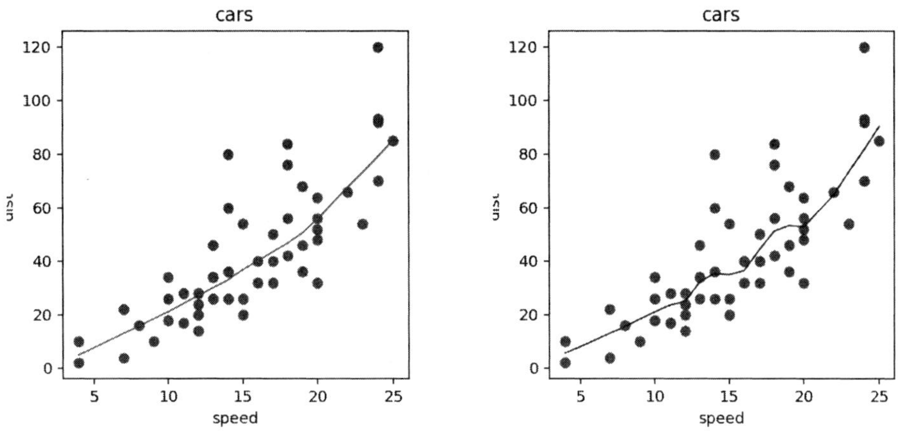


<그림 4-1> 파이썬 lowess: frac=0.6(왼쪽)과 frac= 0.3(오른쪽)

```
plt.plot(curve[:,0], curve[:,1], 'red', linewidth=1)
plt.title("cars")
plt.xlabel("speed")
plt.ylabel("dist")
plt.show()
```

## 6.4 일반화 가법모형 gam

6.2절에서 공변량이 2개 이상인 선형회귀모형을 다룬 바 있습니다. 그리고 6.3절에서는 공변량이 1개인 비모수적 회귀를 해냈습니다. 이를 결합하여 $p$개 공변량이 포함된 다음 형태의 비모수적 회귀모형을 고려할 수 있습니다.

$$Y = \mu + h_1(X_1) + \cdots + h_p(X_p) + \epsilon,\ \epsilon \sim \dot{N}(0, \sigma). \tag{4}$$

여기서 $h_j(x_j)$는 $x_j$의 매끄러운(smooth) 불특정 함수입니다. 이런 모형이 일반화 가법모형(generalized additive model, gam)입니다.

모형적합 알고리즘은 다음과 같습니다($p = 2$).[7]

7) $p$가 3 이상인 경우, 이 알고리즘이 어떻게 확장될 수 있는지 생각해보세요.

0) $\hat{h}_1(X_1)=0$, $\hat{h}_2(X_2)=0$으로 놓습니다.

1) $Y-\hat{h}_2(X_2)$를 $X_1$에 회귀시킵니다(비모수적 회귀). $\hat{h}_1(X_1)$이 얻어집니다.

2) $Y-\hat{h}_1(X_1)$을 $X_2$에 회귀시킵니다(비모수적 회귀). $\hat{h}_2(X_2)$가 얻어집니다.

3) $\hat{h}_1(X_1)$과 $\hat{h}_2(X_2)$의 변화가 무시될 정도이면 $\hat{h}_1(X_1)$과 $\hat{h}_2(X_2)$를 출력하고 알고리즘을 종료합니다. 그렇지 않으면 단계 1로 돌아갑니다.

6.2절의 **SAT** 데이터 사례에서 관심변수 **sat**를 2개의 공변량 **salary**와 **frac**에 회귀하여 보겠습니다. 여기서 함수 $h_j(x_j)$는 natural spline으로 합니다.[8] <그림 7>이 R 계산 결과입니다.[9] **salary** 효과의 증가 패턴이 선형적인 반면 **frac** 효과의 감소 패턴은 비선형적으로 나타났습니다.

```
> library(mgcv)
> mod.2 <- gam(sat ~ s(salary, k=4) + s(frac, k=4))
> plot(mod.2)
```

<그림 8>은 더 유연한 natural spline을 쓴 결과입니다.

```
> mod.2a <- gam(sat ~ s(salary, k=10) + s(frac, k=10))
> plot(mod.2a)
```

## Python의 활용

**mosaic** 패키지의 **SAT** 데이터에서 반응변수 **sat**, 설명변수 **salary**와 **frac**을 가지고 일반화 가법모형을 적용해보겠습니다.

```
from pygam import LinearGAM, s
X = SAT[["salary","frac"]]
y = SAT["sat"]
```

8) natural spline은 내부 구간들에서 3차 다항식이고 구간 매듭에서 연속이며 1차 및 2차 미분계수가 연속이며 양 끝 구간에서는 선형인 함수입니다. natural spline은 내부 매듭 수가 클수록 더 유연한 형태를 취합니다.

9) **gam()** 함수에서 **s()**는 natural spline을 의미하면 인수 **k**는 natural spline을 구성하는 파라미터의 수입니다. 따라서 **k**가 클수록 함수의 유연성이 증가합니다.

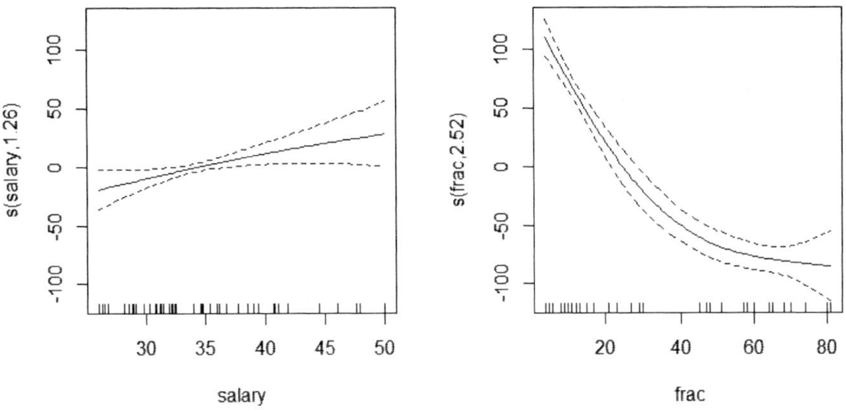


<그림 7> 일반화 가법모형으로 sat를 salary와 frac에 회귀한 결과

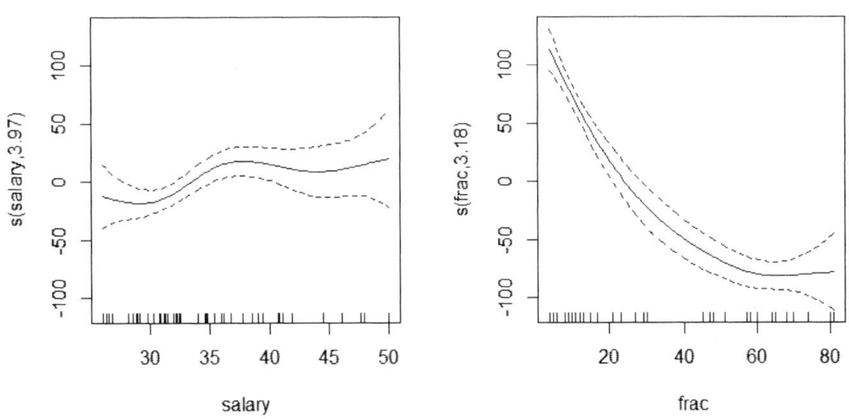


<그림 8> sat를 salary와 frac에 회귀한 다른 결과: 더 유연한 함수를 쓴 경우

```
gam = LinearGAM(s(0, n_splines=10)+s(1, n_splines=10)).fit(X, y)

fig, axs = plt.subplots(1, 2, figsize =(11,5))
titles = ["salary", "frac"]
for i, ax in enumerate(axs):
    XX = gam.generate_X_grid(term=i)
    pdep, confi = gam.partial_dependence(term=i, width=.95)
    ax.plot(XX[:, i], pdep)
    ax.plot(XX[:, i], confi, c='r', ls='--')
    ax.set_title(titles[i]);
plt.show()
```

<그림 7-1>이 출력 그래프입니다. **salary**의 효과는 일관적이지 않고 **frac**은 우하향의 경향을 보여줍니다. 적합모형에 대한 요약은 gam.summary()로 합니다.[10)]

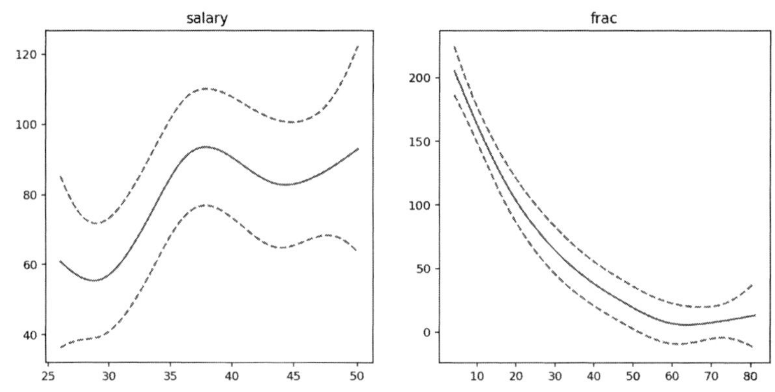


<그림 7-1> 일반화 가법모형으로 sat를 salary와 frac에 회귀한 파이썬 결과

10) 자동 파라미터 튜닝은 다음과 같이 합니다.

```
lam = np.logspace(-1, 4, 6)
lams = [lam] * 2
gam.gridsearch(X, y, lam=lams)
gam.summary()
```

## 6.5 보론

이 장은 단순선형회귀에서 시작하여 공변량(설명변수)을 2개 이상으로, 모수적 회귀함수에서 비모수적 회귀함수로 회귀모형을 확장하였습니다. 이 장의 회귀모형은 설명(explanation)을 목적으로 한 것이어서, 가용 데이터를 모형적합을 위한 "training" 데이터와 모형평가를 위한 "test" 데이터로 분할하지 않았습니다(실제로 "training" 데이터만 쓴 셈입니다). 10장에서 더욱 확장된 회귀모형인 회귀나무(regression tree)와 랜덤 포레스트(random forest)를 다루려합니다.

## 체크포인트

공변량(설명변수)가 $p(\geq 1)$개인 다중선형회귀모형은

$$Y = \beta_0 + \beta_1 X_1 + \beta_2 X_2 + \cdots + \beta_p X_p + \epsilon, \ \epsilon \sim \dot{N}(0, \sigma)$$

로 표현됩니다. 여기서 $\epsilon$은 오차항으로 정규분포 $N(0, \sigma)$와 비슷한 대칭분포를 말합니다. 여기서 각 공변량의 효과는 선형적입니다. 이를 확장한 모형이 일반화가법모형(generalized additive model, gam)으로 모형 식이

$$Y = \mu + h_1(X_1) + \cdots + h_p(X_p) + \epsilon, \ \epsilon \sim \dot{N}(0, \sigma)$$

로 표현됩니다. 여기서 $h_j(x_j)$는 $x_j$의 매끄러운(smooth) 함수입니다.

lowess(locally weighted scatterplot smoothing) 곡선은 두 수치형 변수 간 산점도에 유연한 형태의 비모수적 경향곡선을 제시합니다.

## R 스크립트

6.1절 6_cars.R

6.2절 6_SAT.R

6.3절 6_cars.R

6.4절 6_SAT.R

## 파이썬 스크립트

06_회귀모형.py

# 7장

# 분류모형

# 7장. 분류모형

이항형 분류모형은 목표변수의 2개 값(=0,1)이 무엇과 어떻게 관련있는가를 정량화합니다. 이를 활용한 예측은 현실에서 응용적 가치가 큽니다. 이 장에서는 로지스틱 회귀와 일반화 가법모형 등의 이항형 분류모형을 다룹니다.

## 7.1 로지스틱 회귀

3장에서 다루었던 **weather{rattle.data}** 데이터를 다시 생각해보기로 합니다. "다음 날 비가 오는지"인 **RainTomorrow**(=No, Yes)가 관심 변수인데 "당일 오후 3시의 구름양"인 **Cloud3pm**을 예측변수로 고려하기로 합시다. 그런데 이 변수는 0부터 8까지의 정수값을 취합니다. 그러니 사전 구간화 없이 **RainTomorrow**와의 모자이크 플롯을 그릴 수 있습니다. <그림 1>을 보세요. 약간의 굴곡이 있지만 구름양이 많아짐에 따라 강수 확률도 커지는 것으로 보입니다.

이항형 반응을 $Y(=0,1)$로 나타내고 이와 연관된 공변량 변수를 $X$, 그 값을 $x$로 나타내기로 합니다. 단순 로지스틱 회귀에 의한 분류모형은

$$\log_e \frac{P\{Y=1|x\}}{P\{Y=0|x\}} = \beta_0 + \beta_1 x \tag{1}$$

입니다. 그러니까 $X=x$에 조건화하여 $Y=1$ 대 $Y=0$의 로그 오즈(log odds)가 $x$의 선형 함수로 표현된다는 것입니다. 모형 식 (1)은

$$P\{Y=1|x\} = \frac{\exp(\beta_0 + \beta_1 x)}{1+\exp(\beta_0 + \beta_1 x)} \tag{2}$$

로도 표현됩니다. (2)는 $x$의 함수로서 <그림 2>와 같은 "로지스틱 곡선" 형을 취합니다.

$(x_1, y_1), \cdots, (x_n, y_n)$으로부터 모형 (1)의 파라미터 $\beta_0$와 $\beta_1$을 추정하는 방법은 최대가능도 추정(maximum likelihood estimation, MLE)입니다. MLE는 가능도(likelihood; 우도, 尤度) 함수

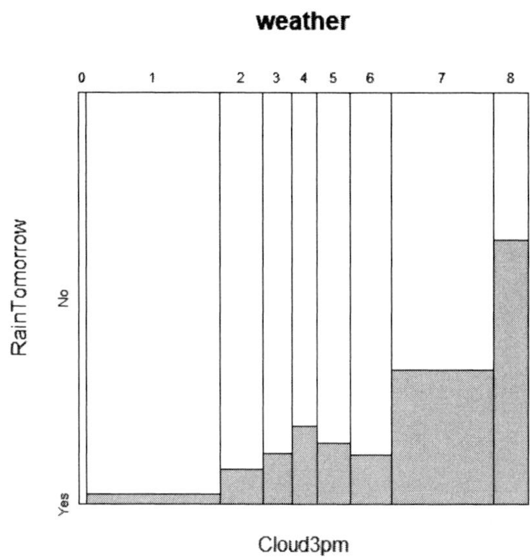


<그림 1> Cloud3pm과 RainTomorrow의 관계: 모자이크 플롯

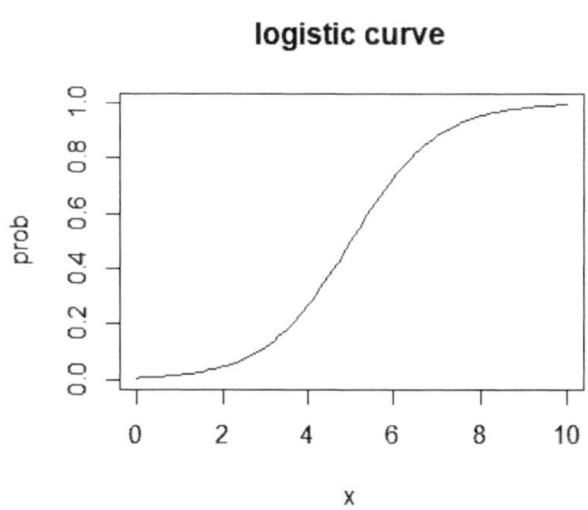


<그림 2> 로지스틱 곡선: $\beta_0 = -0.5$, $\beta_1 = 1$

$$\prod_{i=1}^{n}\left[\frac{\exp(\beta_0+\beta_1 x_i)}{1+\exp(\beta_0+\beta_1 x_i)}\right]^{y_i}\left[\frac{1}{1+\exp(\beta_0+\beta_1 x_i)}\right]^{1-y_i}$$

를 $\beta_0$와 $\beta_1$에 대하여 최대화하여 얻습니다.[1)]

**weather** 데이터에서 **RainTomorrow**를 **Cloud3pm**에 로지스틱 회귀한 결과는 다음과 같습니다(즉 $\hat{\beta}_0 = -3.87$, $\hat{\beta}_1 = 0.469$).

```
> library(rattle.data)
> data(weather);  str(weather);  attach(weather)
> mod.1 <- glm(RainTomorrow ~ Cloud3pm, family="binomial")
> mod.1
Coefficients:
(Intercept)     Cloud3pm
    -3.8668       0.4685
Degrees of Freedom: 365 Total (i.e. Null);  364 Residual
Null Deviance:      345.4
Residual Deviance: 285  AIC: 289
```

출력모형 **mod.1**에는 **fitted**라는 벡터가 있는데 이것은 로그 오즈 (1)의 개체별 적합값입니다. 이 값이 일정값 $cut$ 이상일 때 비가 올 것으로 예측하고 그렇지 않을 때 비가 오지 않을 것으로 예측하기로 합니다. 남은 문제는 $cut$ 값의 설정입니다.

한 방법은 **mod.1$fitted**를 크기 순서로 정렬하였을 때 순위(rank)가 **weather** 데이터에서 다음 날 비가 오지 않은 날의 빈도인 300 이하이면 예측값 **pred.1a**를 "no rain"으로, 그렇지 않으면 "rain"으로 하는 것입니다. 그러고 나서 어느 정도 정확한가를 보기 위하여 예측범주 **pred.1a**와 실제관측 **RainTomorrow**의 교차표, 즉 분류표를 작성합니다.

```
> pred.1 <- ifelse(rank(mod.1$fitted, ties.method="average") <= 300, 0, 1)
> pred.1a <- factor(pred.1, labels=c("no rain","rain"))
```

1) 뉴튼-라프슨 등 여러 수치적 방법이 있습니다. 여기서는 다루지 않겠습니다.

```
> table(pred.1a, RainTomorrow)
         RainTomorrow
pred.1a    No Yes
  no rain 290  48
  rain     10  18
```

위음 예측률(false negative prediction rate)은 20.2%$(=48/(290+48))$, 위양 예측률(false positive prediction rate)은 35.7%$(=10/(18+10))$, 총 정확도(overall accuracy)는 84.2%$(=(290+18)/366)$입니다.

(1)의 로지스틱 회귀모형을 2개 공변량을 포함할 수 있게 확장하여 봅시다. 이항형 반응을 $Y(=0,1)$로 나타내고 연관된 공변량 변수를 $X_1$과 $X_2$, 그 값을 $x_1$과 $x_2$로 나타내기로 합니다. 이때, 다중 로지스틱 회귀에 의한 분류모형은

$$\log_e \frac{P\{Y=1|x_1, x_2\}}{P\{Y=0|x_1, x_2\}} = \beta_0 + \beta_1 x_1 + \beta_2 x_2$$

입니다. 마찬가지로

$$P\{Y=1|x_1, x_2\} = \frac{\exp(\beta_0 + \beta_1 x_1 + \beta_2 x_2)}{1+\exp(\beta_0 + \beta_1 x_1 + \beta_2 x_2)}$$

로도 표현됩니다. 모형계수 $\beta_0, \beta_1, \beta_2$는 최대가능도 추정으로 얻어집니다.

`weather` 데이터에서 `RainTomorrow`를 `Cloud3pm`과 `Pressure3pm`에 로지스틱 회귀한 결과는 다음과 같습니다(즉 $\hat{\beta}_0 = 150.8$, $\hat{\beta}_1 = 0.454$, $\hat{\beta}_2 = -0.152$).

```
> mod.2 <- glm(RainTomorrow ~ Cloud3pm + Pressure3pm, family="binomial")
> mod.2
Coefficients:
(Intercept)     Cloud3pm  Pressure3pm
   150.7806       0.4544      -0.1523
Degrees of Freedom: 365 Total (i.e. Null);  363 Residual
Null Deviance:      345.4
Residual Deviance: 245  AIC: 251
```

다음은 예측값 `pred.2a`와 실제값 `RainTomorrow` 간 교차표입니다. 위음 예측률 9.7%, 위양 예측률 43.9%, 총 정확도 84.2%$(=(271+37)/366)$입니다.

```
> pred.2 <- ifelse(rank(mod.2$fitted, ties.method="average") <= 300, 0, 1)
> pred.2a <- factor(pred.2, labels=c("no rain","rain"))
> table(pred.2a, RainTomorrow)
          RainTomorrow
pred.2a    No Yes
  no rain 271  29
  rain     29  37
```

이항형 반응을 $Y(=0,1)$로 나타내고 연관된 공변량 변수가 $X_1, \cdots, X_p$ 등 $p$개인 경우의 다중 로지스틱 회귀에 의한 분류모형은

$$\log_e \frac{P\{Y=1|x_1, \cdots, x_p\}}{P\{Y=0|x_1, \cdots, x_p\}} = \beta_0 + \beta_1 x_1 + \cdots + \beta_p x_p$$

입니다. 마찬가지로 모형계수 $\beta_0, \beta_1, \cdots, \beta_p$는 최대가능도 추정으로 얻습니다.

선형회귀에서와 마찬가지로 로지스틱 회귀에서도 AIC 기준에 따른 변수선택을 할 수 있습니다. **weather** 사례에서 데이터 탐색을 통해 **Cloud3pm**, **Pressure3pm** 외에 **Humidy3pm**과 **Sunshine**이 잠재적으로 영향력이 있는 설명변수로 탐지되었다고 합시다. 이 중에서 꼭 필요한 변수는 일부일 수 있습니다.

```
> mod.4 <- glm(RainTomorrow ~ Cloud3pm + Pressure3pm + Sunshine
+              + Humidity3pm, family="binomial")
> library(MASS)
> stepAIC(mod.4, direction="both", k=log(nrow(weather)))

Start:  AIC=251.1                              ← 시작: 4개 설명변수 모형
RainTomorrow ~ Cloud3pm + Pressure3pm + Sunshine + Humidity3pm

              Df Deviance    AIC
- Humidity3pm  1   223.21 246.82               ← Humidity3pm 제거
- Sunshine     1   226.66 250.27
- Cloud3pm     1   227.18 250.79
<none>             221.59 251.10
- Pressure3pm  1   270.92 294.53
```

```
Step:  AIC=246.82                              ← 3개 설명변수 모형
RainTomorrow ~ Cloud3pm + Pressure3pm + Sunshine

              Df Deviance    AIC
- Cloud3pm     1   228.76 246.47               ← Cloud3pm 제거
<none>             223.21 246.82
+ Humidity3pm  1   221.59 251.10
- Sunshine     1   239.36 257.06
- Pressure3pm  1   275.06 292.77

Step:  AIC=246.47                              ← 2개 설명변수 모형
RainTomorrow ~ Pressure3pm + Sunshine

              Df Deviance    AIC
<none>             228.76 246.47               ← 현재 상태에서 모형 확정
+ Cloud3pm     1   223.21 246.82
+ Humidity3pm  1   227.18 250.79
- Sunshine     1   286.14 297.94
- Pressure3pm  1   289.35 301.16

Call:  glm(formula = RainTomorrow ~ Pressure3pm + Sunshine,
         family = "binomial")                           ← 확정 모형
Coefficients:
(Intercept)  Pressure3pm     Sunshine
   198.4444      -0.1948      -0.3291

Degrees of Freedom: 362 Total (i.e. Null);  360 Residual
  (3 observations deleted due to missingness)
Null Deviance:      341.2
Residual Deviance: 228.8
```

BIC 기준에 의한 확정모형의 설명변수는 Pressure3pm과 Sunshine입니다.

### Python의 활용

R rattle.data 패키지의 weather 데이터에서 RainTomorrow를 Cloud3pm으로 설명하는 로지스틱 모형을 적용해보겠습니다.

```
import pandas as pd
import numpy as np
import statsmodels.api as sm
import matplotlib.pyplot as plt
from sklearn.linear_model import LogisticRegression
from sklearn.metrics import confusion_matrix

weather = pd.read_csv("C:\\Users\\...\\weather.csv")
weather.head(5)
#         Date  Location  MinTemp  ...  RainToday  RISK_MM  RainTomorrow
# 0  2007-11-01  Canberra      8.0  ...         No      3.6           Yes
# 1  2007-11-02  Canberra     14.0  ...        Yes      3.6           Yes
# 2  2007-11-03  Canberra     13.7  ...        Yes     39.8           Yes
# 3  2007-11-04  Canberra     13.3  ...        Yes      2.8           Yes
# 4  2007-11-05  Canberra      7.6  ...        Yes      0.0            No
```

다음과 같이 공변량 행렬 X와 0-1 정수값 벡터 y를 준비합니다.

```
X1 = weather["Cloud3pm"]
X = np.reshape(list(X1), (-1,1))
X.shape                                              # (366, 1)
y = pd.get_dummies(weather["RainTomorrow"])["Yes"]
y.value_counts()
# 0    300
# 1     66
# Name: Yes, dtype: int64
```

이제 로지스틱 모형을 데이터에 적합시킵니다.

```
model = LogisticRegression(solver="newton-cg", max_iter=1000, penalty="none")
```

```
model_fit = model.fit(X, y)
```

적합모형의 계수는 다음과 같습니다.

```
model_fit.coef_                    # array([[0.46851248]])
model_fit.intercept_               # array([-3.86680879])
```

이번에는 설명변수로 Cloud3pm과 더불어 Pressure3pm을 써보겠습니다.

```
X = weather[["Cloud3pm","Pressure3pm"]]
y = pd.get_dummies(weather["RainTomorrow"])["Yes"]
model = LogisticRegression(solver="newton-cg", max_iter=1000, penalty="none")
model_fit = model.fit(X, y)
model_fit.coef_                    # array([[ 0.45441102, -0.15226116]])
model_fit.intercept_               # array([150.73931008])
```

이제까지는 sklearn.linear_model 패키지의 LogisticRegression()을 썼는데 적합모형에 대한 요약이 너무 간략합니다. 이번에는 statsmodel.api 패키지의 Logit()를 써보겠습니다.

```
logit_model = sm.Logit(y, sm.add_constant(X)).fit()
logit_model.summary()
#                           Logit Regression Results
# ==============================================================================
# Dep. Variable:                    Yes   No. Observations:                  366
# Model:                          Logit   Df Residuals:                      363
# Method:                           MLE   Df Model:                            2
# ==============================================================================
#                  coef    std err          z      P>|z|      [0.025      0.975]
# ------------------------------------------------------------------------------
# const         150.7806    27.163      5.551      0.000      97.543     204.018
# Cloud3pm        0.4544     0.076      5.960      0.000       0.305       0.604
# Pressure3pm    -0.1523     0.027     -5.678      0.000      -0.205      -0.100
:
(일부생략)
```

이 모형으로 예측하면 분류결과가 다음과 같게 됩니다.

```
y_pred = model_fit.predict_proba(X)
cut = sort(y_pred[:,1])[300]
cut                                          # 0.3377436932730896
pd.DataFrame(confusion_matrix(y, y_pred[:,1] >= cut))
#      0   1
# 0  271  29
# 1   29  37
```

## 7.2 일반화 가법모형

6장 4절에서 소개한 바 있는 일반화 가법모형(gam)은 목표변수 $Y(=0,1)$가 이항형인 경우에도 유효하여 모형 식이

$$\log_e \frac{P\{Y=1|x_1, \cdots, x_p\}}{P\{Y=0|x_1, \cdots, x_p\}} = \mu + h_1(x_1) + \cdots + h_p(x_p)$$

로 표현됩니다. 여기서 $h_j(x_j)$는 $x_j$의 매끄러운 불특정 함수입니다.

`weather` 데이터에서 `RainTomorrow`를 `Pressure3pm`과 `Sunshine`에 일반화 가법모형을 적용한 결과는 다음과 같습니다. `mgcv` 패키지의 `gam()` 함수를 사용하였습니다.

```
> library(mgcv)
> mod.3a <- gam(RainTomorrow ~ s(Pressure3pm, k=4) + s(Sunshine, k=4),
                family="binomial")
> summary(mod.3a)
Parametric coefficients:
            Estimate Std. Error z value Pr(>|z|)
(Intercept)  -2.2847     0.2286  -9.993   <2e-16 ***
---
Approximate significance of smooth terms:
                  edf Ref.df Chi.sq  p-value
```

```
s(Pressure3pm) 1.691  2.076  43.54 5.58e-10 ***
s(Sunshine)    1.818  2.202  44.92 4.93e-10 ***
---
R-sq.(adj) =  0.334   Deviance explained = 34.3%
UBRE = -0.35717  Scale est. = 1         n = 363

> plot(mod.3a, pages=1)
```

<그림 3>에서 개별 공변량의 효과를 보세요. **Pressure3pm**과 **Sunshine**의 효과는 거의 선형적입니다. 앞 절에서 적합된 로지스틱 회귀의 타당성이 지지됩니다. 이렇듯 일반화 가법모형은 로지스틱 회귀의 타당성 검토에도 좋습니다.

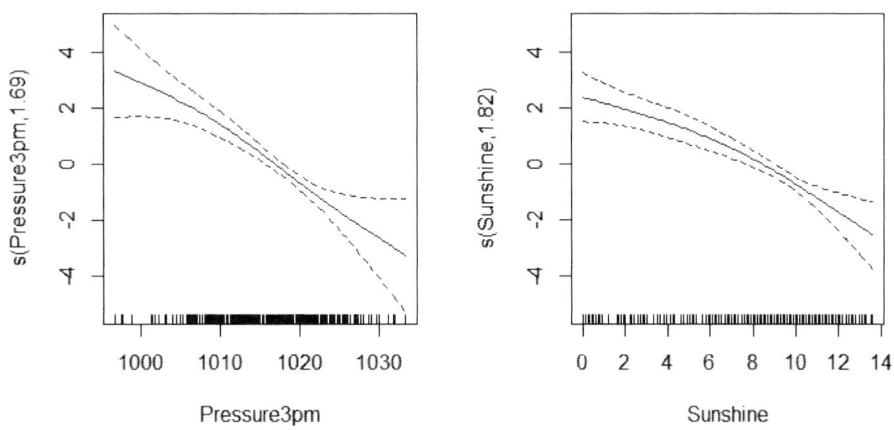


<그림 3> RainTomorrow에 대한 일반화 가법모형

## Python의 활용

이항형 반응 **RainTomorrow**에 대한 일반화 가법모형을 파이썬으로 해보겠습니다. 설명변수는 앞에서와 같이 **Pressure3pm**과 **Sunshine**입니다. **pygam** 패키지의 **LogisticGam()**를 쓸 터인데, 이 함수는 결측값이 있는 데이터를 받지 않습니다. 이에 따라 모형적합에 앞서 Sunshine 변수의 결측값을 평균으로 채워 넣습니다.

```
from pygam import LogisticGAM, l, s

X = weather[["Pressure3pm", "Sunshine"]]
X.describe()                          # "Sunshine" has 3 missing values
X.fillna(X.mean(), inplace=True)
y = weather["RainTomorrow"]
y = pd.get_dummies(weather["RainTomorrow"])["Yes"]
gam = LogisticGAM(s(0, n_splines=10)+s(1, n_splines=10)).fit(X, y)
```

적합모형에 대한 요약은 gam.summary()로 얻어집니다만 여기서는 생략하겠습니다. 대신 그래프로 살펴보기로 합니다 (-> 그림 3-1).

```
fig = plt.subplots(figsize =(10, 6))
fig, axs = plt.subplots(1, 2, figsize =(10,6))
titles = ["Pressure3pm", "Sunshine"]
for i, ax in enumerate(axs):
    XX = gam.generate_X_grid(term=i)
    pdep, confi = gam.partial_dependence(term=i, width=.95)
    ax.plot(XX[:, i], pdep)
    ax.plot(XX[:, i], confi, c='r', ls='--')
    ax.set_title(titles[i]);
plt.show()
```

모형의 적합도를 분류표로 나타내면 다음과 같습니다.

```
prob = gam.predict_proba(X)
cut = sort(prob)[300]                      # 0.3683716385131679
y_pred = (prob >= cut)
pd.DataFrame(confusion_matrix(y, y_pred >= cut))
#      0   1
# 0  273  27
```

# 1 27 39

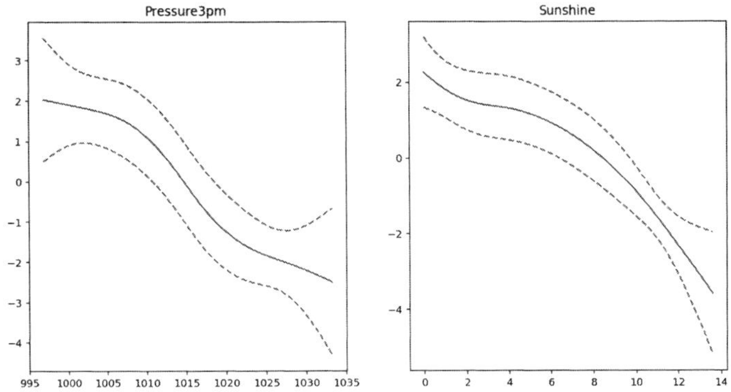


<그림 3-1> RainTomorrow에 대한 일반화 가법모형의 적합결과: 파이썬 출력

## 7.3 보론

이 장에서는 이항형 분류에 대한 통계적 모형으로서 로지스틱 회귀와 일반화 가법모형을 다루었습니다. 그리고 예측범주와 실제관측 간 교차표인 분류표를 작성하였습니다. 그러나 이 분류표는 적합모형에서 나온 분류규칙을 적합(훈련) 데이터에 재적용하여 나왔으므로 오류율이 과소하게 됩니다. 다시 말하여, 이렇게 얻어진 분류표로는 예측의 정확도를 공정하게 볼 수 없습니다. 예측모형의 평가에 대하여는 9장과 10장에서 다루겠습니다.

## 체크포인트

$Y$가 0, 1을 취하는 이항형 반응인 사례에서, 로지스틱 회귀모형은 조건부 확률 $P\{Y=1|x_1, \cdots, x_p\}$의 로짓 변환을 공변량 $x_1, \cdots, x_p$의 선형결합으로 표현한 통계적 모형입니다. 일반화 가법모형은 $P\{Y=1|x_1, \cdots, x_p\}$의 로짓 변환을 공

변량 $x_1, \cdots, x_p$의 가법적 함수로 표현한 통계적 모형입니다.

2*2 분류표에서 총 정확도, 위음 예측률, 위양 예측률 등의 정의를 명확히 알아야 합니다. 이외에 민감도(sensitivity), 특이도(specificity) 등의 지표가 있습니다.

## R 스크립트

7.1절 7_weather.R

7.2절 7_weather.R

## 파이썬 스크립트

07_분류모형.py

weather.csv

# 8장

# 군집화와 차원축소

# 8장. 군집화와 차원축소

군집화(clustering)는 유사도(similarity)에 근거하여 개체들(또는 변수들)을 묶는 방법입니다. 이런 작업으로 데이터에 대한 이해도가 깊어지고 활용이 창출됩니다. 이 장에서는 k-평균 군집화와 차원축소에 의한 시각화를 다룹니다.

## 8.1 들어가기

내 직업은 대학 교수라서 많은 수의 학생들을 접하게 됩니다. 처음에는 학생들의 공통점을 찾아 인지하게 되지만 시간이 갈수록 학생들 간 차이점을 보게 되고 유형화합니다. 다수의 측정변수들 $X_1, \cdots, X_p$ 를 통하여 개체들을 몇 개의 유형으로 묶어내는 것이 개체 군집화(clustering of units)입니다.

요즘 데이터 환경에서는 개별 개체에 대하여 많은 수의 변수값을 동시에 수집하는 것이 쉽습니다. 예컨대 학교 내 수십 곳에 반도체 센서(sensor)를 붙여 해당 장소의 온도, 습도, 소음도, 공기성분, 먼지-1 농도, 먼지-2 농도, 먼지-3 농도 등을 측정할 수 있습니다. 유사도에 근거하여 측정변수들 $X_1, \cdots, X_p$ 를 몇 개의 그룹으로 나누는 것이 변수 군집화(clustering of variables)입니다.

$n$ 개의 개체들에서 $p$ 개 변수가 측정되었다고 하고 다음과 같이 표기하겠습니다.

| | |
|---|---|
| $\boldsymbol{x}_1, \cdots, \boldsymbol{x}_n$: | 원표본 데이터, |
| $\boldsymbol{x}_i = (x_{i1,} \cdots, x_{ip})^t$: | 개체 $i$ 의 관측값 벡터, $i = 1, \cdots, n$, |
| $\underline{x}^{[j]}$: | 변수 $j$ 의 측정값 벡터, $j = 1, \cdots, p$. |

일단, 개체 군집화에 포커스를 맞추겠습니다. 개체 군집화의 기반은 개체 간 거리(distance between units)입니다. 이것이 “작으면” 두 개체는 같은 군집에 속하고 이것이 작지 않으면 두 개체는 다른 군집에 속하게 해야 합니다. 개체 간 거리의 정의는 다음과 같습니다.

정의: $\boldsymbol{x}_i = (x_{i1}, \cdots, x_{ip})^t$와 $\boldsymbol{x}_{i'} = (x_{i'1}, \cdots, x_{i'p})^t$ 간 거리

$$d(\boldsymbol{x}_i, \boldsymbol{x}_{i'}) = \sqrt{\sum_{j=1}^{p} (x_{ij} - x_{i'j})^2}\,. \tag{1}$$

위 정의는 정확히는 "유클리드 거리"이고 이외에 개체 간 거리로 $L_1$ (맨하튼, 시티블록) norm, $L_\infty$ (maximum) norm 등 여러 가지가 있습니다.

정의 (1)을 쓰려면 $p$개 측정변수의 척도(scale)들이 균일해야 합니다. 변수들의 물리적 측정단위가 같지 않은 경우(예컨대 kg과 m, 개수 등), 변수 표준화를 통하여 척도의 균일성을 확보해야 합니다.

1) 평균-표준편차 표준화: 변수 $X_j$의 평균을 $m_j$, 표준편차를 $s_j$로 표기할 때

$$x_{ij} \rightarrow x_{ij}^* = \frac{x_{ij} - m_j}{s_j},\ j = 1, \cdots, p.$$

- 결과적으로 모든 변수가 평균 0, 표준편차 1을 갖게 됩니다.

2) 범위 표준화: 변수 $X_j$의 최솟값을 $a_j$, 최댓값을 $b_j$로 표기할 때

$$x_{ij} \rightarrow x_{ij}^* = \frac{x_{ij} - a_j}{b_j - a_j},\ j = 1, \cdots, p.$$

- 결과적으로 모든 변수가 최솟값 0, 최댓값 1을 갖게 됩니다.

그런데 두 표준화 방법 모두 특이점에 취약하다는 단점이 있습니다. 특이점에 견디게 하려면 사분위수(Q1, Q3)로 표준화하는 것이 좋습니다.

3) 사분위수 표준화: 변수 $X_j$의 아래 · 위 4분위수를 $\ell_j, u_j$로 표기할 때

$$x_{ij} \rightarrow x_{ij}^* = 2\frac{x_{ij} - \ell_j}{u_j - \ell_j} - 1,\ j = 1, \cdots, p.$$

- 결과적으로 모든 변수의 아래 · 위 4분위수가 $-1, 1$이 됩니다.

이하 표준화된 데이터 값을 $x_{ij}$로 표기하겠습니다($i = 1, \cdots, n;\ j = 1, \cdots, p$).

변수 군집화에서는 변수 간 거리를 사전에 지정해야 합니다. 변수 $X_j$와 $X_{j'}$ 간

거리를

$$d(\underline{x}_j, \underline{x}_{j'}) = \sqrt{\sum_{i=1}^{n} (x_{ij} - x_{ij'})^2 / (n-1)} \tag{2}$$

로 정의합니다. 평균-표준편차 표준화가 적용된 경우

$$\begin{aligned} d(\underline{x}_j, \underline{x}_{j'}) &= \sqrt{\sum_{i=1}^{n} (x_{ij}^2 + x_{ij'}^2 - 2x_{ij}x_{ij'}) / (n-1)} \\ &= \sqrt{2(1 - r_{jj'})} \propto \sqrt{1 - r_{jj'}} \end{aligned}$$

입니다(여기서 $r_{jj'}$는 $X_j$와 $X_{j'}$ 간 피어슨 상관; $\because \sum_{i=1}^{n} x_{ij}^2 = n-1$이므로). 그러니까 상관행렬로부터 변수간 거리행렬이 유도됩니다.

## 8.2 k-평균 군집화

k-평균 군집화(k-means clustering)는 $n$개의 개체들을 묶는 $k$개의 그룹으로 묶어내는 알고리즘입니다:

[1] $n$개 개체에서 $k$개를 비중복 추출하여 각각을 그룹의 초기 중심으로 합니다.

[2] 모든 개체들에 대하여 가장 가까운 그룹 중심을 찾아 그 그룹에 소속시킵니다.

[3] 모든 그룹에 대하여 그룹 중심을 소속 개체들의 평균으로 업데이트합니다.

[4] 모든 그룹에 대하여 새 중심이 옛 중심과 차이가 없으면 작업을 종료합니다. 그렇지 않으면 [2]로 돌아갑니다.

이 알고리즘의 목표는

$$\text{minimize} \sum_{h=1}^{k} \sum_{i \in G_h} d^2(x_i, m_h) \tag{3}$$

에 있습니다(여기서 $m_h$는 그룹 $h$의 중심이고 $G_h$는 그룹 $h$의 소속 개체들을 지칭). 이 알고리즘은 계산적으로 매우 효율적입니다. 다만, 위 알고리즘으로는 대역적 최적 해에 도달하지 않을 수 있으므로 알고리즘을 처음부터 여러 번 반복하여 더 나은 해를 얻어내야 합니다.

R에서는 **kmeans()** 함수를 써서 k-평균 군집화를 합니다. 용법은 다음 예에서.

사례 1: **Boston {MASS}** 데이터에서 13개 공변량 자료(중간주택가격 **medv** 제외)에 $k=4$ 인 k-평균 군집화를 해보기로 하겠습니다. 도출될 군집이 비가격 주거지 특성을 잘 드러낼 것으로 기대합니다.

```
> library(MASS)
> data(Boston)
> names(Boston)
 [1] "crim"    "zn"      "indus"   "chas"    "nox"     "rm"      "age"
 [8] "dis"     "rad"     "tax"     "ptratio" "black"   "lstat"   "medv"
> zBoston <- scale(Boston[,-14])
```

↑ 투입할 자료를 평균-표준편차 표준화합니다.[1)] 그러고 나서 군집화를 적용합니다.

```
> clusters <- kmeans(zBoston, 4)
```

↑ $k=4$ 인 k-평균 군집화를 요청하였습니다.

```
> names(clusters)
[1] "cluster"      "centers"      "totss"        "withinss"
[5] "tot.withinss" "betweenss"    "size"         "iter"
[9] "ifault"
```

↑ k-평균 군집화 결과물의 내용이 무엇인지 짐작할 수 있습니다. **cluster**는 개체별 군집 번호(label)입니다. **centers**는 군집 중심(centroids)입니다.

```
> table(clusters$cluster, dnn="cluster number")
cluster number
  1   2   3   4
 90  41 129 246
```

↑ 가장 큰 그룹은 4번입니다. 전체의 반 정도 됩니다. 아래는 선택된 몇 개 변수(공변량)에 대하여 군집 중심을 보여줍니다.

---

1) R의 **scale()** 함수는 표준편차의 정의로 $s_j = \sqrt{\sum_{i=1}^{n}(x_{ij}-m_j)^2/n}$ 을 씁니다.

```
> round(clusters$centers[, c(1,5,6,7,8,13)], 2)
   crim   nox    rm   age   dis lstat
1 -0.41 -1.13  0.64 -1.37  1.46 -0.92
2  1.97  1.01 -0.39  0.79 -0.89  1.26
3  0.38  1.15 -0.47  0.81 -0.84  0.73
4 -0.38 -0.36  0.08 -0.06  0.06 -0.26
```

↑ 2번 군집은 범죄율 **crim**이 크고 저층민 비율 **lstat**이 큽니다. 주택나이 **age**와 공기요염도 **nox**도 크고 방 수 **rm**은 작고 도심에서의 거리 **dis**가 작습니다. 1번 군집은 거의 모든 면에서 2번 군집과 반대입니다. 2번 군집은 도심의 슬럼화된 구역인 반면, 1번 군집은 교외 지역의 중상층 구역일 것으로 추측할 수 있습니다. 3번 군집은 2번 군집과 유사합니다. 4번 군집은 1번 군집과 유사하되 도심에서 약간 가까운 구역입니다. <그림 1>은 중간주택가격 **medv**의 군집 간 차이를 살펴본 상자그림입니다. 군집 1과 군집 4, 군집 2와 군집 3이 외적 변수인 가격 측면에서도 유사함을 확인할 수 있습니다.

```
> boxplot(Boston$medv ~ clusters$cluster, main="Boston Housing",
+     xlab="clusters", ylab="medv", ylim=c(0,60))
```

```
> clusters$totss
[1] 6565
> clusters$tot.withinss
[1] 3126.671
```

↑ 군집화의 효율은 총 제곱 합(**totss**, total sum of squares) 대비 그룹 내 제곱 합(**tot.withinss**, total within sum of squares)의 비율로 파악할 수 있습니다. 이 분석에서는 그 값이 47.6%입니다. 이 값은 작을수록 좋습니다.

k-평균 군집화에서 군집 수 $k$는 사전에 지정되어야 합니다. $k$를 대충 정하여 넣고 그 결과가 어떻게 나오는가를 보는 것이 최선입니다. 그러고 나서 군집 수 $k$에 $\pm 1, \pm 2, \cdots$ 를 가감하여 어떤 변화가 생기는가를 봅니다. <그림 2>는 $k$ 값에 따른 그룹 내 제곱합의 변화를 보여줍니다. $k$가 증가함에 따라 그래프는 감소하게 되어 있습니다만 급격히 감소하는 곳이 있다면 그때의 $k$를 선택합니다.

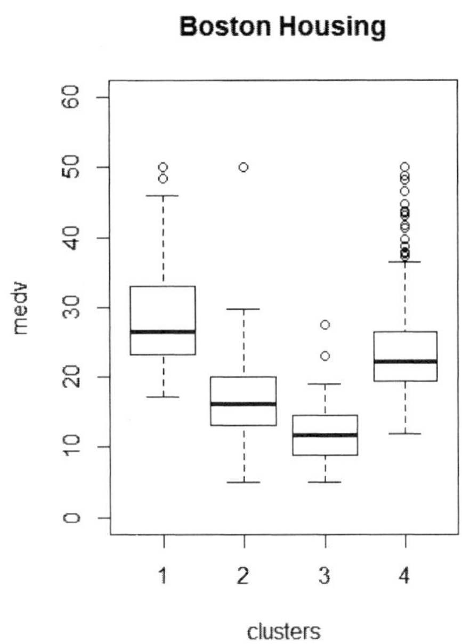


<그림 1> 군집에 따른 중간주택가격의 차이

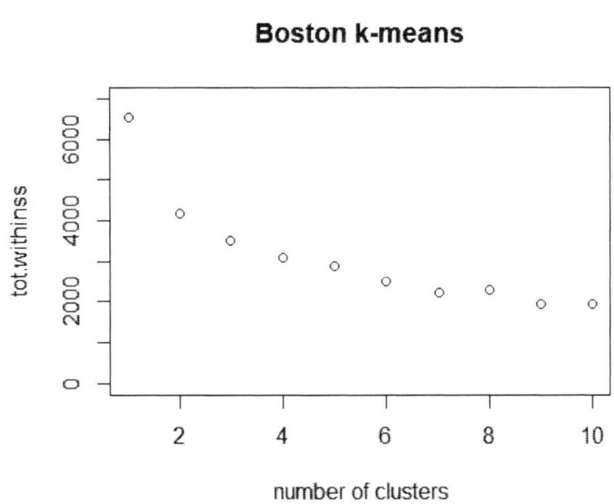


<그림 2> 군집 수 $k$에 따른 그룹 내 제곱합의 변화

앞서 말한 대로 k-평균 군집화는 국소적 최소에 머물 수 있습니다. 이를 극복하는 최선의 방법은 알고리즘을 처음 시작부터 여러 번 돌려보는 것입니다. 다음은 $k = 4$인 k-평균 군집화 10번의 최고 성적을 보여줍니다.

```
> clusters <- kmeans(zBoston,4, nstart=10)
> clusters$tot.withinss
[1] 3092.326
```

**nstart** =1일 때 **tot.withinss**가 3126.671이었으니까 지금의 3092.326은 1% 정도 작은 값이라 이 정도면 무시해도 될 듯합니다. 그래도 일단 $k$가 정해지면 시작점의 수 **nstart**를 늘려 잡아 최적 점에 접근하는 것이 좋습니다.

보스턴 시의 지도와 **Boston** 데이터의 개체를 연결시킬 수 있다면 보스턴 시 지도에 506개 구역을 군집 번호에 따라 4색 컬러 red, green, blue, purple로 구분해 색칠해볼 수 있겠습니다.

## Python의 활용

R MASS 패키지의 Boston 데이터에 대한 k-평균 군집화를 하겠습니다. 다음으로 데이터를 읽고 13개 내부적 변수에 대한 표준화를 합니다(외적변수인 mdev 제외).

```
import numpy as np
import pandas as pd
import matplotlib.pyplot as plt
import statsmodels.api as sm

Boston = sm.datasets.get_rdataset("Boston", package="MASS")['data']
X = Boston.drop("medv", axis=1)

import collections as cl
from sklearn import preprocessing
names = X.columns
```

```
scaler = preprocessing.StandardScaler()
scaled_X = scaler.fit_transform(X)
scaled_X = pd.DataFrame(scaled_X, columns=names)
scaled_X.describe().round(4)
#            crim        zn     indus  ...   ptratio     black     lstat
# count  506.0000  506.0000  506.0000  ...  506.0000  506.0000  506.0000
# mean    -0.0000    0.0000    0.0000  ...    0.0000   -0.0000   -0.0000
# std      1.0010    1.0010    1.0010  ...    1.0010    1.0010    1.0010
# min     -0.4198   -0.4877   -1.5578  ...   -2.7074   -3.9072   -1.5311
# 25%     -0.4110   -0.4877   -0.8677  ...   -0.4880    0.2051   -0.7994
# 50%     -0.3907   -0.4877   -0.2111  ...    0.2749    0.3812   -0.1813
# 75%      0.0074    0.0488    1.0160  ...    0.8066    0.4337    0.6030
# max      9.9339    3.8042    2.4226  ...    1.6388    0.4411    3.5488
```

다음은 군집 수가 4인 k-means clustering을 산출해냅니다.

```
import numpy as np
from sklearn.cluster import KMeans
import collections as cl
kmeans = KMeans(n_clusters=4, random_state=0).fit(scaled_X)
cl.Counter(kmeans.labels_)   # Counter({1: 233, 3: 88, 2: 151, 0: 34})
cluster_0 = arange(0, Boston.shape[0])[kmeans.labels_==0]
cluster_0
# array([142, 152, 154, 155, 160, 162, 163, 208, 209, 210, 211, 212, 216,
#        218, 219, 220, 221, 222, 234, 236, 269, 273, 274, 276, 277, 282,
#        356, 357, 358, 363, 364, 369, 370, 372])
```

다음은 4개 군집의 중심을 출력합니다.

```
centers = kmeans.cluster_centers_[:,[0,4,5,6,7,12]].round(2)
pd.DataFrame(centers, columns=X.columns[[0,4,5,6,7,12]])
#    crim   nox    rm   age   dis  lstat
# 0 -0.20  0.38  0.28  0.37 -0.40  -0.16
# 1 -0.38 -0.32  0.06 -0.05  0.04  -0.26
# 2  0.87  1.07 -0.51  0.80 -0.85   0.95
# 3 -0.41 -1.14  0.60 -1.36  1.50  -0.88
```

군집 간 외적변수 medv의 차이를 살펴봅니다. 군집 2의 medv가 가장 작습니다.

```
import seaborn as sns
sns.boxplot(x = kmeans.labels_, y = Boston.medv, color="lightgray")
    .set(xlabel='cluster', aspect=0.075)
```

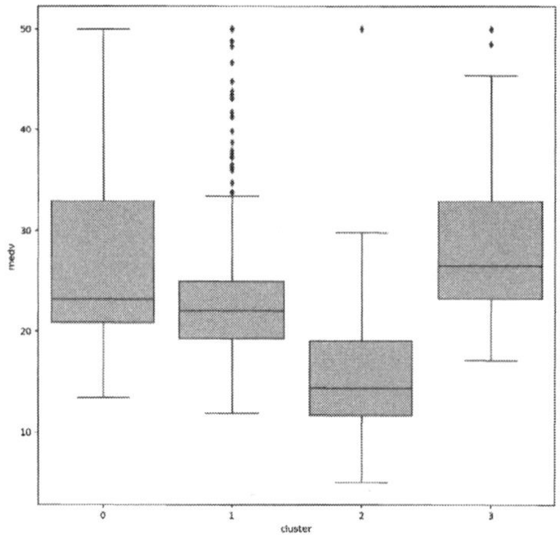


## 8.3 변수 군집화

많은 수의 변수, 이것이 데이터 분석자에게는 부담이 아닐 수 없습니다. 그런데 조금 살펴보면 비슷비슷한 변수들이 꽤 있다는 것을 알게 됩니다. 그런 변수들을 그룹(군집, 群集)으로 모으면 여러모로 쓸모가 있습니다.

변수 군집화 알고리즘에 여러 가지가 있지만 2절에서 다룬 k-평균 군집화를 활용하는 방법을 설명하고자 합니다. 이 방법은 1) $n$개 개체 · $p$개 변수 표준화 데이터를 $p$개 개체 · $n$개 변수 데이터로 인식시켜 2) k-평균 군집화에 투입하는 것입니다. 그러면 $p$개 변수가 $k$개 군집으로 묶여집니다.

사례 1: **Boston{MASS}** 데이터에서 13개 공변량 자료(중간주택가격 **medv** 제외)에 $k = 4$인 k-평균 변수 군집화를 해보기로 하겠습니다.

```
> zBoston <- scale(Boston[,-14])
> t.zBoston <- t(zBoston)
> v.clusters <- kmeans(t.zBoston,4)
> v.clusters$cluster
   crim      zn   indus    chas     nox      rm     age     dis     rad
      2       1       3       4       3       1       3       1       2
    tax ptratio   black   lstat
      2       2       1       3
```

↑ 출력물 **v.clusters**의 **cluster**에 변수별 소속군집 번호가 있습니다. 군집 1은 **zn, rm, dis, black** 등으로, 군집 2는 **crim, rad, tax, ptratio** 등으로, 군집 3은 **indus, nox, age, lstat** 등으로 구성됩니다. **chas**는 혼자만으로 군집 4를 형성합니다.

```
> round(cor(zBoston[, v.clusters$cluster==1]),2)
        zn   rm  dis black
zn    1.00 0.31 0.66  0.18
rm    0.31 1.00 0.21  0.13
dis   0.66 0.21 1.00  0.29
black 0.18 0.13 0.29  1.00

> round(cor(zBoston[, v.clusters$cluster==2]),2)
        crim  rad  tax ptratio
crim    1.00 0.63 0.58    0.29
rad     0.63 1.00 0.91    0.46
tax     0.58 0.91 1.00    0.46
ptratio 0.29 0.46 0.46    1.00

> round(cor(zBoston[, v.clusters$cluster==3]),2)
      indus  nox  age lstat
indus  1.00 0.76 0.64  0.60
nox    0.76 1.00 0.73  0.59
age    0.64 0.73 1.00  0.60
lstat  0.60 0.59 0.60  1.00
```

↑ 변수 군집 별로 상관행렬을 살펴본 결과 **cluster 1** 내에서는 **zn**과 **dis** 간 관계가 눈에 띕니다(교외 지역에서는 1 필지 당 면적이 큼을 의미). **cluster 2**와 **cluster 3**은 각각 상호 응집도가 강한 변수들로 구성되어 있습니다.

군집별로 한 변수를 꼽아 대표시키면 전체 그림을 보는데 도움이 됩니다. 군집 1은 1필지 당 크기인 **zn** 같은 것이고, 군집 2는 범죄율 **crim** 같은 것이고, 군집 3은 산업화 비율 **indus** 같은 것이며, 군집 **4**는 강(river)의 전망성 **chas**입니다.[2] 이들 변수들이 주택가격 **medv**를 제외한 13개 변수들 중에서 핵심입니다.

## Python의 활용

```
scaled_X_transposed = np.transpose(scaled_X)
var_kmeans = KMeans(n_clusters=4, random_state=1).fit(scaled_X_transposed)
var_df = pd.DataFrame(var_kmeans.labels_, X.columns, columns=["cluster"])
var_df.sort_values(by=["cluster"])
#          cluster
# indus          0
# nox            0
# age            0
# lstat          0
# zn             1
# rm             1
# dis            1
# black          1
# crim           2
# rad            2
# tax            2
# ptratio        2
# chas           3
```

변수 군집 0은 **indus, nox, age, lstat** 등 4개 변수로, 변수 군집 1은 **zn, rm, dis, black** 등 4개 변수로, 변수 군집 2는 **crim, rad, tax, ptratio** 등 4개 변수로, 변수 군집 3은 **chas** 1개 변수로 구성되어 있습니다.

2) 군집 내 다른 변수들과의 상관계수들의 합을 기준으로 하면 군집 1, 2, 3을 대표하는 변수는 **dis**(도심과의 거리), **rad**(고속도로 접근성), **nox**(공기오염도)입니다.

## 8.4 다변량 데이터의 시각화

$p\,(\geq 4)$차원 다변량 공간은 직접 들여다 볼 수 없습니다. 2차원 평면 또는 3차원 공간에 개체 점들을 투사하는 주성분분석(principal component analysis)으로 근사적 이미지를 얻어내는 것이 최선입니다. 그런데 고차원 공간을 큰 폭으로 저차원에 축소해 넣으면 정보의 손실이 크게 됩니다. 따라서 이를 완화하기 위해 다음 절차를 따라 분석 및 시각화 작업을 합니다.

[1] $p$개의 변수들을 $k$개의 그룹으로 나누는 변수 군집화를 합니다.

[2] 주성분분석과 biplot을 활용하여 변수 군집별로 소속 변수들만으로 $n$개 개체들을 시각화합니다.[3)]

[3] 개별 변수 군집을 1개의 잠재변인으로 대표시키고 이렇게 모인 $k$개 잠재변인 간 상관성을 살펴봅니다.

사례 1. Boston 데이터에서 13개$(=p)$개의 변수를 4개$(=k)$개의 그룹으로 나눠 이 방법을 적용해보기로 하겠습니다. 단계 [1]은 앞 절에서 이미 하였습니다. 단계 [2]를 변수 그룹 1에 적용한 결과가 <그림 3>입니다. <그림 4>는 개체 점에 2절의 개체 군집을 구분 표지한 것입니다.

```
pca.1 <- princomp(zBoston[, v.clusters$cluster==1], cor=T)
biplot(pca.1, scale=0, cex=0.8, xlab="First Dim", ylab="Second Dim",
    xlim=c(-5,5), ylim=c(-5,5), main="Boston Housing",
    col=c("gray","red"))
plot(pca.1$scores[,1:2], xlab="First Dim", ylab="Second Dim",
    xlim=c(-5,5), ylim=c(-5,5), main="Boston Housing",
    col=c("#FF000077","#00FF0077","#0000FF77","#FF00FF77")[clusters$cluster],
    pch=c(15,16,22,21)[clusters$cluster])
```

이런 식으로 변수 군집 2와 군집 3을 시각화합니다. 군집 4는 1개 변수로 구성되어 있으므로 차원축소가 불필요합니다.

---

3) biplot(행렬도)에 대하여는 허명회(2014)의 《응용데이터분석》의 제16장을 참조하세요.

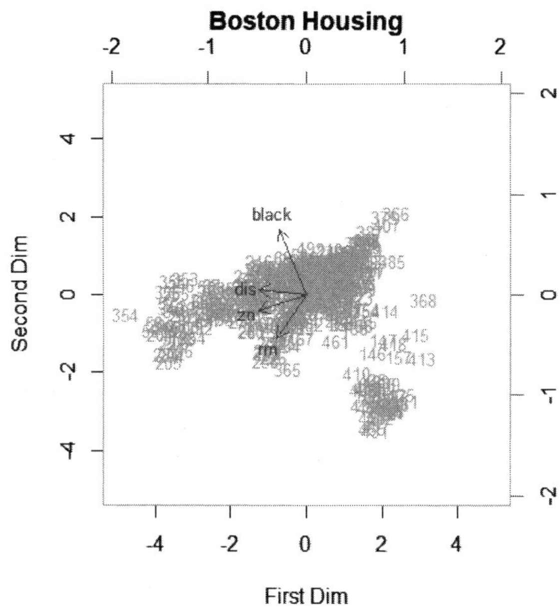


<그림 3> 변수 군집 1의 biplot 시각화

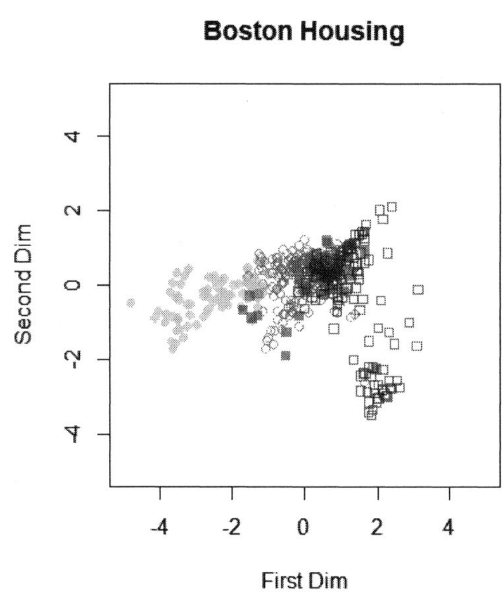


<그림 4> 변수 군집 1의 biplot 시각화: 개체 군집에 컬러 부여

군집별로 "군집 내 모든 변수들의 합"으로 "잠재변인"을 정의하고, 이렇게 정의된 잠재변인들 간 상관행렬을 구해보겠습니다.

```
> library(nnet)
> round(cor(zBoston %*% class.ind(v.clusters$cluster)), 2)
      1     2     3     4
1  1.00 -0.60 -0.81  0.00
2 -0.60  1.00  0.66 -0.07
3 -0.81  0.66  1.00  0.05
4  0.00 -0.07  0.05  1.00
```

군집 1과 군집 2은 역상관 관계입니다. 군집 1과 군집 3도 역상관 관계입니다. 군집 2와 군집 3은 유사합니다. 군집 4는 다른 군집들과 독립적입니다.

### Python의 활용

2차원 주성분 공간에 군집을 컬러로 구분하여 시각화해 봅시다. <그림 3-1>이 결과입니다. 첨부 파일엔 변수 군집별 시각화를 위한 코드가 포함되어 있습니다.

```
X = Boston.drop("medv", axis=1)
names = X.columns
scaler = preprocessing.StandardScaler()
scaled_X = scaler.fit_transform(X)
scaled_X = pd.DataFrame(scaled_X, columns=names)

from sklearn.decomposition import PCA
pca = PCA(n_components=2)
pca.fit(scaled_X)
print(pca.components_)
print(pca.explained_variance_)
scores = pca.transform(scaled_X)

from matplotlib.colors import ListedColormap
```

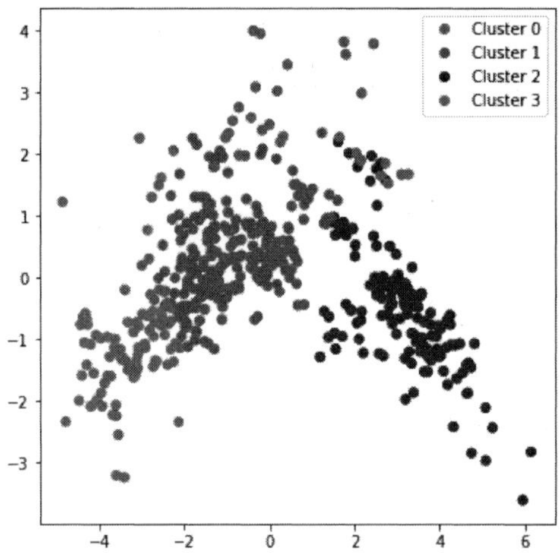


<그림 3-1> 2차원축소: 파이썬 주성분분석

```
plt.xlim(-6, 6)
plt.ylim(-5, 5)
colours = ListedColormap(['r','g','b', 'gray'])
classes = ['Cluster 0', 'Cluster 1', 'Cluster 2', 'Cluster 3']
fig = plt.subplots(figsize=(6, 6))
scatter = plt.scatter(scores[:,0], scores[:,1],
          c=list(kmeans.labels_),
          cmap=colours)
plt.legend(handles=scatter.legend_elements()[0], labels=classes)
```

## 체크포인트

개체 군집화는 $n$개 개체들을 몇 개의 그룹으로 유형화합니다. 이를 위해서는 개체 간 거리가 정의되어야 합니다. k-평균 군집화는 그룹 수가 $k$인 개체 군집화를 합니다. 변수 군집화는 $p$개 변수들을 몇 개의 그룹으로 묶어냅니다.

변수 군집별 데이터에 대한 주성분분석과 biplot 시각화로써 전체 데이터를 효과적으로 이해할 수 있습니다.

## R 스크립트

8.2절 8_boston housing.R

8.3절 8_boston housing.R

8.4절 8_boston housing.R

## 파이썬 스크립트

08_군집화와 차원축소.py

9장

# k-NN 알고리즘

# 9장. k-NN 알고리즘

유사한 속성을 갖는 개체들은 서로 비슷하게 반응합니다. 이런 상식만 활용하여도 분류(classification)나 회귀(regression)를 웬만큼 잘 할 수 있습니다.

다음과 같이 데이터가 정비되어 있다고 합시다.

$$X: n \times p, \quad \boldsymbol{y}: n \times 1.$$

여기서 $X$와 $\boldsymbol{y}$는 같은 $n$개의 개체로부터 나온 관측이지만 $X$의 $p$개 열은 특정 속성들이고 $\boldsymbol{y}$는 반응입니다. 한 가지 미리 정해둘 것은 $X$의 열들이 모두 수치값을 갖는다고 전제합니다. 여기에는 이항값을 갖는 경우가 포함됩니다. 그러나 3항 이상의 범주형값은 안 됩니다. $\boldsymbol{y}$는 범주형값을 가질 수 있고 아니면 수치형값을 가질 수도 있습니다. 전자는 분류 문제(classification problem), 후자는 회귀 문제(regression problem)가 됩니다.

개체 $i\,(=1, 2, \cdots, p)$의 속성 벡터를 $\underline{x}_i$로, 그리고 개체 0의 속성 벡터를 $\underline{x}_0$로 표기합시다. 즉

$$\underline{x}_i = (x_{i1}, \cdots, x_{ip}), \qquad \underline{x}_0 = (x_{01}, \cdots, x_{0p})$$

입니다. $p$-차원 공간에서 둘 사이 거리(distance)를 다음과 같이 표기하고 정의하겠습니다.

$$d(\underline{x}_i, \underline{x}_0) = \sqrt{\sum_{j=1}^{p} (x_{ij} - x_{0j})^2}\,.$$

이를 피타고라스 거리라고 합니다. 이에 따라 벡터 성분 간 차이의 제곱들 합이 커지면 둘 사이의 거리가 증가합니다. 그런데 $p$개 변수들이 단위가 다른 경우엔

$$(x_{i1} - x_{01})^2, \ (x_{i2} - x_{02})^2, \ \cdots, \ (x_{ip} - x_{0p})^2$$

을 더하는 것은 넌센스입니다. 산포에서의 차이가 상당한 경우도 마찬가지입니다. 때문에, 많은 응용 사례에선 $X$의 열들을 사전적으로 표준화 변환합니다. 즉

$$x_{ij} \ \rightarrow \ \frac{x_{ij} - m_j}{s_j}, \ \ i = 1, \cdots, n \ \text{(모든 } j\text{에 대하여)},$$

여기서 $m_j$는 $j$번째 열의 평균이고 $s_j$는 $j$번째 열의 표준편차입니다.

속성 벡터 $\underline{x}_0$인 개체 0의 분류 및 회귀를 위해 k-NN 알고리즘은 가장 가까운 $k$개의 개체들을 $X$에서 찾습니다.

$$d(\underline{x}_1, \underline{x}_0),\ \cdots,\ d(\underline{x}_n, \underline{x}_0)$$

중에서 가장 작은 $k$개 개체를 편의상 $1, \cdots, k$라고 합시다. k-NN에서 "k"는 이 $k$를 의미하고 "NN"는 최근접 이웃(nearest neighbors)을 뜻합니다.

k-NN 알고리즘은 $k$개의 최근접 이웃들이 갖는 $Y$ 값을 활용하여 개체 0의 $Y$ 값에 대한 예측을 합니다.

**분류 문제.** $k$개 최근접 이웃들의 $Y$ 값 빈도를 산출하여 빈도가 제일 큰 범주로 예측합니다. $Y$가 이항값인 경우 tie가 생기지 않도록 $k$를 홀수로 잡습니다.

**회귀 문제.** $k$개 최근접 이웃들의 $Y$ 값들의 평균으로 예측합니다.

R에서 k-NN 분류는 class 패키지의 `knn()` 함수를 써서 할 수 있습니다.

기본 용법: `knn(data.1, data.2, cls, k)`

> 여기서 data.1은 학습(train) 데이터, data.2는 테스트 데이터이고 cls는 학습 데이터의 클래스(범주)입니다. 그리고 $k$는 분류예측에 활용될 최근접 이웃의 크기입니다.[1]

### 사례 1. Fisher의 붓꽃(iris) 데이터

데이터 iris는 150개 붓꽃 개체에 대한 4개 속성 Sepal.Length(꽃받침 길이), Sepal.Width(꽃받침 폭), Petal.Length(꽃잎 길이), Petal.Width(꽃잎 폭)와 전문가에 의한 종(種) 분류 Species(="setosa", "versicolor", "virginica")로 구성되어 있습니다. 4개 속성은 모두 센티미터 단위로 측정되었습니다. 이 사례에서 목표는 4개 속성 변수로 종 분류를 예측하는 데 있습니다. 속성 변수들에 대하여 표준화 전처리를 적용하지 않기로 합니다. $k$는 일단 5로 하겠습니다.

---

1) 학습 데이터는 모형을 만드는 데 쓰이는 데이터이고 테스트 데이터는 예측 목적으로 모형에 투입되는 데이터입니다.

```
> library(class)
> data(iris)
> str(iris)
'data.frame':   150 obs. of  5 variables:
 $ Sepal.Length: num  5.1 4.9 4.7 4.6 5 5.4 4.6 5 4.4 4.9 ...
 $ Sepal.Width : num  3.5 3 3.2 3.1 3.6 3.9 3.4 3.4 2.9 3.1 ...
 $ Petal.Length: num  1.4 1.4 1.3 1.5 1.4 1.7 1.4 1.5 1.4 1.5 ...
 $ Petal.Width : num  0.2 0.2 0.2 0.2 0.2 0.4 0.3 0.2 0.2 0.1 ...
 $ Species     : Factor w/ 3 levels "setosa","versicolor",..: 1 1 1 ...
> cls <- iris[, 5]
> predict <- knn(iris[, 1:4], iris[, 1:4], cls, k=5)
> table(cls, predict)
            predict
cls          setosa versicolor virginica
  setosa         50          0         0
  versicolor      0         47         3
  virginica       0          2        48
```

위 분류표는 실제 cls와 예측 predict 간 대응 관계를 보여줍니다. 총 150개 개체 중에서 5개 개체는 분류가 잘못되었습니다. 즉 실제로는 versicolor 종인데 virginica 종으로 잘못 분류된 개체가 3개이고 그 반대인 경우가 2개입니다.

앞의 k-NN 분류에서는 학습 데이터와 테스트 데이터가 같습니다. 개체 $i$에 가장 가까운 개체는 항상 자신이기 때문에 이것은 과적합(overfit)의 문제를 일으킵니다. 속성 벡터 $\underline{x}_i$에 대한 $k$ 최근접 이웃을 찾을 때 탐색 대상에 $\underline{x}_i$가 포함되지 않는 것이 좋습니다.

데이터 분할(data partition)이 이를 위한 한 방법입니다. 총 데이터를 학습 데이터와 테스트 데이터로 겹치지 않게 나눕니다. 여기서는 2:1의 크기로 나누어 2/3 부분을 학습에, 1/3 부분을 테스트에 쓰겠습니다.

```
> N <- nrow(iris)  # 150
> n <- 100
```

```
> train <- sample(1:N, n, replace=FALSE)
> test <- setdiff(1:N, train)
> cls <- iris[, 5]
> predict <- knn(iris[train, 1:4], iris[test, 1:4], cls[train], k=9)
> table(cls[test], predict)
         predict
         setosa versicolor virginica
setosa       20          0         0
versicolor    0         13         1
virginica     0          1        15
```

위 분류표는 테스트 개체 50개에 대한 실제 cls와 예측 predict 간 대응 관계를 보여줍니다. 총 50개 개체 중에서 2개 개체는 분류가 잘못되었습니다. 총 50개의 테스트 개체들 중에서 실제로는 versicolor 종인데 virginica 종으로 잘못 분류된 개체가 1개, 그 반대인 경우가 1개입니다.

* 앞의 R 스크립트에서 `sample(1:N, n, replace=FALSE)` 함수는 `1:N`에서 `n`개를 비복원 추출로 뽑아냅니다. 그리고 `setdiff(1:N, train)`은 `1:N`과 `train`을 집합으로 간주하여 차(difference)를 산출해냅니다. 여러분이 앞의 스크립트를 그대로 실행하더라도 출력 결과는 다를 수 있는데 그 이유는 `sample()` 함수가 임의 작동하기 때문입니다.

데이터 분할은 임의적이고 이에 따라 분류표도 우연한 한 결과이므로 신뢰성에 의문을 가질 수 있습니다. 신뢰성이 좋은 k-NN 분류표를 만들기 위하여 앞의 방식을 $T(=100)$번 반복하여 평균을 냅니다.

```
> tab <- matrix(0, nrow=3, ncol=3)
> T <- 100
> for (i in 1:T) {
+   train <- sample(1:N, n, replace=FALSE)
+   test <- setdiff(1:N, train)
+   predict <- knn(iris[train, 1:4], iris[test, 1:4], cls[train],k=5)
+   tab <- tab + table(cls[test], predict)
+ }
```

```
> round(tab/T, 1)
            predict
            setosa versicolor virginica
setosa       16.7        0.0       0.0
versicolor    0.0       15.2       1.1
virginica     0.0        0.8      16.1
```

위의 분류표는 분류 오류 수가 평균 1.9회임을 보여줍니다(총 50개 테스트 개체 중에서). 이제까지는 최근접 이웃의 크기 $k$가 5로 고정되어 있었습니다. $k$ 값을 달리 하면 분류 결과도 달라질 것입니다. $k = 15$는 어떨까요?

다음은 앞의 스크립트에서 `knn()` 함수 내 $k$ 값을 5에서 15로 바꾼 결과입니다.

```
            predict
            setosa versicolor virginica
setosa       17.1        0.0       0.0
versicolor    0.0       15.2       1.1
virginica     0.0        1.0      15.7
```

평균 오류 수가 2.1이니까 $k$가 5로 세팅된 k-NN보다 살짝 증가하였군요. 한 번 더 $k$ 값을 바꾸어 봅시다. 어떤 $k$ 값을 시도해볼까요? 결과는 어떤가요?(-> 탐구 1). 이런 과정을 k-NN과 같은 기계학습에서 파라미터 튜닝(tuning)이라고 합니다.

## Python의 활용

준비 및 데이터 읽기

```
import pandas as pd
import numpy as np
import statistics
```

```
from sklearn.datasets import load_iris
iris = load_iris()
iris.feature_names
iris.target
iris.target_names

type(iris.data)
type(iris.target)
iris.data[0:5]
iris.target[0:5]
```

전체 데이터에 대한 k-NN $(k=5)$과 재적합

```
from sklearn.neighbors import KNeighborsClassifier
from sklearn import metrics

X = iris.data
y = iris.target

knn = KNeighborsClassifier(n_neighbors=5)
knn.fit(X, y)

pred = knn.predict(X)
pd.crosstab(y, pred)

# col_0   0   1   2
# row_0
# 0      50   0   0
# 1       0  47   3
# 2       0   2  48

metrics.accuracy_score(y, pred).round(3)
# 0.967
```

데이터 분할: 학습 2/3 + 테스트 1/3

```
from sklearn.model_selection import train_test_split
X_train, X_test, y_train, y_test = train_test_split(X, y, test_size=1/3,
    random_state=0)

knn = KNeighborsClassifier(n_neighbors=5)
knn.fit(X_train, y_train)

pred = knn.predict(X_test)
pd.crosstab(y_test, pred)
# col_0   0   1   2
# row_0
# 0      16   0   0
# 1       0  18   1
# 2       0   0  15

metrics.accuracy_score(y_test, pred).round(3)
# 0.98

# repeated partitions, T (=100) repetitions
tab = [[0,0,0],[0,0,0],[0,0,0]]
T = 100
for i in range(0, T):
    X_train, X_test, y_train, y_test = train_test_split(X, y,
        test_size=1/3)
    knn = KNeighborsClassifier(n_neighbors=5)
    knn.fit(X_train, y_train)
    pred = knn.predict(X_test)
    tab = tab + np.asarray(pd.crosstab(y_test, pred))

tab_mean = tab / T
tab_mean
```

```
# array([[16.76,  0.  ,  0.  ],
#        [ 0.  , 15.16,  1.14],
#        [ 0.  ,  0.87, 16.07]])

accuracy_mean = sum(np.diag(tab_mean)) / sum(tab_mean)
accuracy_mean.round(3)
# 0.96
```

붓스트랩 평가

```
n = iris.data.shape[0]
n_repeat = 100
scores_list = []

for i in range(0, n_repeat):
    train = set(np.random.choice(range(0,n), size=n))
    test = set(range(0,n)).difference(train)
    X_train = X[list(train)]
    X_test = X[list(test)]
    y_train = y[list(train)]
    y_test = y[list(test)]
    knn = KNeighborsClassifier(n_neighbors=5)
    knn.fit(X_train, y_train)
    pred = knn.predict(X_test)
    scores_list.append(metrics.accuracy_score(y_test, pred))

scores_list[0:4]
[0.9583333333333334,
 0.9830508474576272,
 0.9607843137254902,
 0.9629629629629629]

mean(scores_list).round(3)
# 0.962
```

### 사례 2. Boston 데이터

MASS 패키지의 Boston 데이터는 보스턴 시의 506개 블록 단위로 주택에 대한 14개 변수를 담고 있습니다. 목표변수는 medv로 주택가격입니다. 나머지 13개 변수는 lstat(하층 비율), dis(도심으로부터의 거리), chas(강 인근) 등 블록 특 성으로 공변량이라고 할 수 있습니다. 이들 공변량 중 다음 8개 설명변수들을 써서 k-NN 방법으로 medv를 예측해보겠습니다(괄호 안 숫자는 열 번호).

lstat(13), rm(6), ptratio(11), dis(8), nox(5), chas(4), tax(10), zn(2).

다수의 이질적 공변량들을 설명변수로 두었으므로 사전적으로 표준화 변환을 하였습니다(R의 `scale()` 함수를 활용; 평균 = 0, 표준편차 = 1). 학습 데이터는 전체 데이터의 3/4으로 하고 $k$는 20으로 세팅하였습니다.

이 사례에선 목표변수가 수치형이므로 k-NN 회귀가 적용되어야 하는데 이를 위해 FNN 패키지의 `knn.reg()` 함수를 활용하겠습니다.

```
> library(MASS)
> data(Boston)
> library(FNN)
> N <- 506
> n <- round(N * 0.75)
> train <- sample(1:N, n, replace=FALSE)
> test <- setdiff(1:N, train)
> y <- Boston[, 14]
> vars <- c(13,6,11,8,5,4,10,2)
> Z <- scale(Boston[, vars])
> predict <- knn.reg(Z[train, ], Z[test, ], y = y[train], k=20)$pred
> plot(y[test] ~ predict, main="k-NN for regression")
> cor(y[test], predict)
[1] 0.8151255
> MSE <- mean((y[test] - predict)^2)
> MSE
[1] 26.5038
```

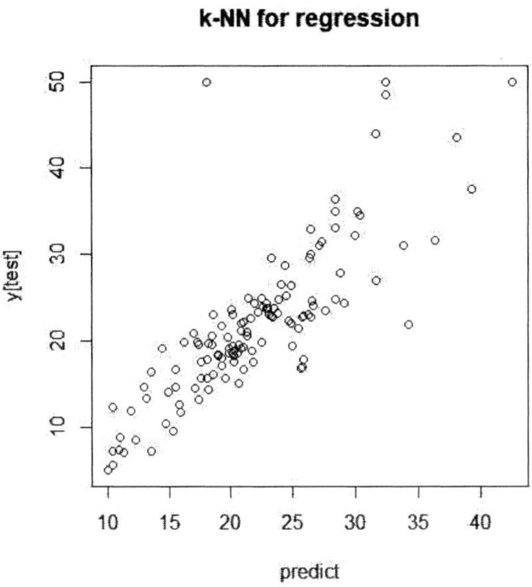


<그림 1> Boston 데이터에서 medv에 대한 k-NN 예측( $k=20$ )

FNN 패키지의 `knn.reg()` 함수의 기본 용법은 다음과 같습니다.

```
knn.reg(data.1, data.2, y, k)
```

여기서 data.1은 학습(train) 데이터, data.2는 테스트 데이터이고 y는 목표변수입니다(수치형). k는 분류예측에 활용될 최근접 이웃의 크기입니다.

k-NN 회귀에 의한 예측 결과를 보겠습니다. <그림 1>이 테스트 개체들에 대한 예측의 정확성을 잘 보여줍니다. 몇몇 예외는 있지만 대체로 수긍할만합니다. 그리고 예측값 predict와 실제값 y[test] 간 상관계수는 0.82로 나왔습니다.

예측의 정확도는 상관계수보다는 평균제곱오차(MSE, mean squared error)로 파악됩니다. 이것의 정의는

$$\text{MSE} = \sum_{\text{test units}} (y_i - \hat{y}_i)^2 / N_{test}$$

이고( $N_{test}$ 는 테스트 개체의 수) 26.5로 평가되었습니다. 물론 이 결과는 데이터

의 3:1 "임의분할"의 결과이므로 수행 시마다 달리 나옵니다.

재현성이 높은 결과를 얻기 위해서 이런 작업을 $T(=100)$번 반복하여 MSE의 평균을 내보기로 하겠습니다. 다음 스크립트와 출력 결과를 보세요.

```
> sum.MSE <- 0
> T <- 100
> for (t in 1:T) {
+   train <- sample(1:N, n, replace=FALSE)
+   test <- setdiff(1:N, train)
+   predict <- knn.reg(Z[train, ], Z[test, ], y = y[train], k=20)$pred
+   sum.MSE <- sum.MSE + mean((y[test] - predict)^2)
+ }
> MSE <- sum.MSE/T
> MSE
[1] 24.81758
```

$100(=T)$회 반복으로 얻은 평균 MSE는 24.8입니다. 물론 이제까지의 모든 결과는 최근접 이웃의 크기 $k$를 20으로 두어 얻어진 것입니다.

탐구 2. Boston 데이터에서 medv에 대한 k-NN 예측에서 최적 $k$를 탐색해보세요. 단, 설명변수는 위에서와 같은 8개 변수를 사용하는 것으로 합니다.

우리는 6장에서 선형회귀모형을 공부한 바 있는데 선형회귀모형도 k-NN 회귀와 같이 예측을 목표로 합니다. Boston 데이터에 선형회귀모형을 적용해보기로 합시다. 목표변수 medv에 대하여 lstat, rm 등 8개 변수로 설명하기로 합니다.

```
> linear.model <- lm(medv ~ ., data=Boston[train, c(vars, 14)])
> lm.pred <- predict.lm(linear.model, newdata = Boston[test, vars])
> y.test <- Boston[test,]$medv
> plot(y.test ~ lm.pred, main="linear regression")
```

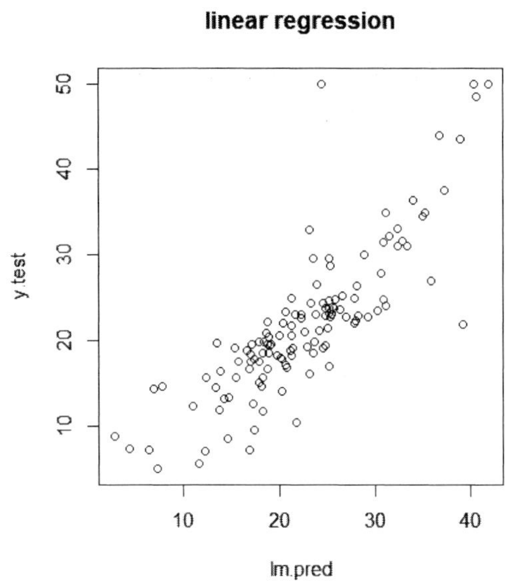


<그림 1-1> Boston 데이터에서 medv에 대한 선형회귀 예측

```
> cor(y.test, lm.pred)
[1] 0.8340923
> MSE <- mean((y.test - lm.pred)^2)
> MSE
[1] 23.88073
```

예측값 lm.predict와 실제값 y.test 간 상관계수는 0.834로 나왔습니다. 평균제곱 오차 MSE는 23.9로 나왔습니다. 여기선 제시되지 않았지만 $T=100$번 반복하여 구한 평균 MSE는 25.1이었습니다.

## Python의 활용

준비 및 데이터 읽기

```
from sklearn.datasets import load_boston
boston = load_boston()
```

```
type(boston)
boston.feature_names
# array(['CRIM', 'ZN', 'INDUS', 'CHAS', 'NOX', 'RM', 'AGE', 'DIS',
#        'RAD', 'TAX', 'PTRATIO', 'B', 'LSTAT'], dtype='<U7')
boston.target

X = boston.data
y = boston.target
X_train, X_test, y_train, y_test = train_test_split(X, y,
    test_size=1/4, random_state=0)

from sklearn.preprocessing import StandardScaler
scaler = StandardScaler().fit(X_train)
X_train_scaled = scaler.transform(X_train)
X_test_scaled = scaler.transform(X_test)

from sklearn.neighbors import KNeighborsRegressor
from sklearn import metrics

knn = KNeighborsRegressor(n_neighbors=10)
knn.fit(X_train, y_train)
pred = knn.predict(X_train)
mean((y_train - pred)**2)
# 34.23996622691293

pred = knn.predict(X_test)
mean((y_test - pred)**2)
# 50.196565354330716
```

붓스트랩 평가

```
n = X.shape[0]
n_repeat = 100
scores_list = []
```

```
for i in range(0, n_repeat):
    train = set(np.random.choice(range(0,n), size=n))
    test = set(range(0,n)).difference(train)
    X_train = X[list(train)]
    X_test = X[list(test)]
    y_train = y[list(train)]
    y_test = y[list(test)]
    scaler = StandardScaler().fit(X_train)
    X_train_scaled = scaler.transform(X_train)
    X_test_scaled = scaler.transform(X_test)

    knn = KNeighborsRegressor(n_neighbors=10)
    knn.fit(X_train_scaled, y_train)
    pred = knn.predict(X_test_scaled)
    mse = mean((y_test - pred)**2)
    scores_list.append(mse)

scores_list[0:4]
# [23.45545, 28.633775280898877, 24.84060638297872, 20.543767525773198]
mean(scores_list)
# 23.66207483632008
```

## 탐구 사례

"Prostate_Cancer.csv" 데이터는 '전립선 암'의 진단과 관련되어 100명의 환자로부터 얻어졌습니다. 진단 결과인 "diagnosis_result"는 "B" (benign, 良性)과 "M" (malignant, 惡性)의 두 값을 취합니다. 암 세포에서 측정된 공변량은

"radius", "texture", "perimeter", "area", "smoothness", "compactness", "symmetry", "fractal_dimension"

등입니다. k-NN 기법을 적용하여 진단 결과를 분류해보세요. 어느 정도의 정확도를 기대할 수 있습니까? 로지스틱 회귀는 어떻습니까?

## 체크포인트

k-NN 알고리즘은 직관적입니다. 가장 가까운 $k$개 개체들을 찾아내어 그 개체들에서 얻은 반응을 종합합니다. 어떤 수식적 모형에 의해 틀이 고정되지 않습니다. 그러나 설명변수 공간에서 개체들 사이의 거리가 의미를 갖도록 하기 위해서 표준화 변환이 필요한 경우가 있습니다. 또한 $k$값에 대한 튜닝(tuning), 즉 최적선택이 필요합니다.

k-NN 알고리즘은 회귀 및 분류의 목적으로 활용될 수 있습니다. 예측 정확도의 공정한 평가를 위해서 학습 개체와 테스트 개체를 분리할 필요가 있습니다.

k-NN 알고리즘은 대부분의 기계학습 방법이 그렇듯이 생성된 예측모형에 대한 이해가 쉽지 않습니다. 블랙박스와 비슷합니다. 개체별로 예측값을 산출해내지만 투입된 설명변수들이 어떤 역할을 하여 그렇게 되었는지가 설명되지 않습니다.

## R 스크립트

9_knn_1.R iris 데이터에 대한 k-NN 분류
9_knn_2.R 보스턴 데이터에 대한 k-NN 회귀

## 파이썬 스크립트

09_kNN 알고리즘.py

10장

# 나무모형 알고리즘

# 10장. 나무모형 알고리즘

이 장은 나무 알고리즘에 의한 기계학습을 다룹니다. 기계학습의 특색은 알고리즘(algorithm)에 의해 모형이 형성된다는 점 등입니다. 기계학습은 지식추출(knowledge extraction)을 지향하는바 이것이 통계학의 모형(模型, model)과 대응합니다.

나무 알고리즘이 만들어내는 분류 및 회귀모형은 거꾸로 매단 나무(tree) 형태를 취하는데 매 노드 분리(node split)에서 관심변수의 분포적 순도(純度, purity)가 높아지도록 추진됩니다. 노드 분리는 순차적으로 계속되지만 더 이상의 노드 분리가 의미가 없어지면 그 지점에서 노드의 종결을 선언합니다. 나무모형은 수식적 틀로부터 자유로운 기계학습의 전형입니다. 후반부에 소개할 랜덤 포레스트(random forest)는 나무모형들의 집합(앙상블)입니다.

## 10.1 나무모형

$Y$가 이항값$(=0,1)$을 취하고 1의 비율이 $p$ 일 때 노드 불순도(impurity)를

지니 지수(Gini index): $G(N) = p\,q$

로 표현하기로 합니다. 여기서 $N$은 노드(node), 즉 '마디'를 지칭하고 노드 $N$에서 $P_N\{Y=1\}=p$, $P_N\{Y=0\}=q$입니다. 공변량 $X_1, \cdots, X_p$ 중 하나인 $X_j$와 그것의 특정값 $k_j$를 "선택"하여, 노드 $N$을 $X_j$의 값 $x_j$가 $k_j$ 미만인 개체들 $N_1$과 그렇지 않은 개체들 $N_2$로 분할하되, "선택"의 기준은

$G(N_1)$과 $G(N_2)$의 가중평균

의 최소화입니다. 이 가중평균에서 가중치는 $N_1$과 $N_2$의 구성 비율입니다. 종합하자면, 노드 $N$이

$$\begin{array}{ccc} & N & \\ \swarrow & & \searrow \\ N_1 & & N_2 \end{array}$$

로 분할되면서 윗단 “부모”의 불순도에 비해 아랫단 “자식”의 불순도가 작아집니다. 이런 식으로 노드 분리가 반복되는데 어느 단계에서는 노드 크기가 일정 수준 이하가 되거나 불순도의 감소가 일정값보다 작아지므로 노드 분리를 멈춥니다. 노드 분리가 종료된 노드를 종점 노드(terminal node)라고 합니다. 종점 노드에서 예측값은 “최다” 범주(또는 오즈비가 큰 범주)로 합니다.

$Y$가 수치형인 경우 나무 “회귀”의 생성 원리는 앞의 나무 분류와 같습니다. 다만 노드의 불순도 지표로

$$\text{평균잔차제곱: } G(N) = \frac{1}{n}\sum_{i=1}^{n}(y_i - \bar{y})^2$$

을 씁니다(여기서 $y_1, y_2, \cdots, y_n$은 노드 $N$내 개체들의 $Y$ 값). 노드 $N$이 $N_1$과 $N_2$로 분할되고 각 노드의 불순도가 산출되었을 때, “자식” 불순도는

$N_1$의 불순도와 $N_2$의 불순도의 가중평균

입니다. $X_j$의 값 $x_j$가 $k_j$ 미만이면 $N_1$에 넣고 그렇지 않으면 $N_2$에 넣되, 불순도의 감소가 최대화되도록 $X_j$와 $k_j$를 선택합니다. 이런 식으로 노드 분리를 진행하다가 어느 단계에서 노드 크기가 일정값 이하가 되거나 불순도의 감소가 미미해지면 노드 분리를 멈춥니다. 종점 노드에서 예측값은 평균으로 합니다.

예 1 [분류]. 7장에서 다루었던 `weather {rattle.data}` 데이터에 나무 분류를 적용해보기로 합니다. 이 사례에선 `RainTomorrow`(= No,Yes)가 관심인데 총 20개의 공변량이 예측변수로 가용합니다(`MinTemp`부터 `RainToday`까지). 나무 알고리즘을 적용하여1) <그림 1>의 결과를 얻습니다.

첫 노드 분리는 `Humidity3pm`에 의해 이루어지며 이 변수가 71.5 미만이면 왼쪽 가지로, 그렇지 않으면 오른쪽 가지로 분리됩니다. 오른쪽 가지로 분리된 개체들은 종점 노드에 닿고 예측값은 Yes입니다. 왼쪽 가지로 분리된 개체들은 다시 `WindGustSpeed`를 만나게 되고 이 변수가 64 미만이면 왼쪽으로, 그렇지 않으면 오른쪽으로 분리됩니다. 이런 식으로 나무에 나타나는 변수들은 앞의 2개 외에 `Pressure3pm, Sunshine, MaxTemp, WindSpeed3pm` 등 4개가 더 있습니다.

---

1) `rpart` 패키지의 `rpart()` 함수를 사용하였습니다.

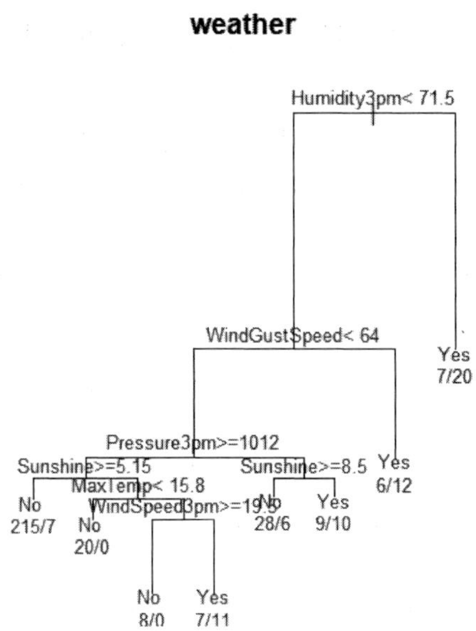


<그림 1> RainTomorrow에 대한 분류 나무

그러면 이 모형이 얼마나 실제관측값에 적합하는지 분류표에서 봅시다.

| | | 예측 | |
|---|---|---|---|
| | | No | Yes |
| 관측 | No | 271 | 29 |
| | Yes | 13 | 53 |

위음 예측률(false negative rate)은 4.6%($=13/(271+13)$), 위양 예측률(false positive rate)은 35.4% ($=29/(53+29)$), 총 정확도는 88.5% ($=(271+53)/366$)입니다. 그런데 나무모형과 같은 기계학습은 학습(훈련) 데이터에서 모형성능이 평가되는 경우 정확도가 부풀려지게 됩니다.

공정한 평가를 위하여 새 데이터에서 예측해 보기로 하겠습니다. rattle.data 패키지의 weatherAUS 데이터는 weather 데이터와 같이 호주 캔버러 지역의 강우 기록이 있습니다. weather는 2007년 11월 1일부터 2008년 10월 31일까지의 데이터인데 weatherAUS는 2008년 11월 1일 이후의 데이터도 담고 있습니다. 예측이 적용될 새 데이터는 weatherAUS에서 캔버러 지역의 2008년 11월 1일부터 365일 간 자료입니다. 세 데이터에서 분류표는 다음과 같습니다.

| | | 예측 | |
|---|---|---|---|
| | | No | Yes |
| 관측 | No | 249 | 46 |
| | Yes | 31 | 39 |

위음 예측률 11.1%(= 31/(249 + 31)), 위양 예측률 54.1%(= 46/(39 + 46)), 총 정확도 78.9%= (249 + 39)/365). 앞의 재적합 예측과는 꽤 차이가 있습니다.

## 파이썬의 활용

준비와 데이터 읽기

```
import pandas as pd
import numpy as np
from sklearn.impute import SimpleImputer
from sklearn.metrics import confusion_matrix

weather = pd.read_csv("C:\\Users\\...\\weather.csv")
weather.columns
# Index(['Date', 'Location', 'MinTemp', 'MaxTemp', 'Rainfall',
#        'Evaporation', 'Sunshine', 'WindGustDir', 'WindGustSpeed',
#        'WindDir9am', 'WindDir3pm', 'WindSpeed9am', 'WindSpeed3pm',
#        'Humidity9am', 'Humidity3pm', 'Pressure9am', 'Pressure3pm',
#        'Cloud9am', 'Cloud3pm', 'Temp9am', 'Temp3pm', 'RainToday',
#        'RISK_MM', 'RainTomorrow'], dtype='object')

y = pd.factorize(weather["RainTomorrow"], sort=True)[0]
X = np.asarray(weather.iloc[:,[2,3,4,5,6,8,11,12,13,14,15,16,17,18,19,20]])

imp = SimpleImputer(missing_values=np.nan, strategy='mean')
imp.fit(X)
```

```
X1 = imp.transform(X)
```

나무모형 적합

```
from sklearn import tree

tree_clf = tree.DecisionTreeClassifier(max_depth=3, min_samples_split=30,
    max_leaf_nodes=10, random_state=0).fit(X1, y)
var_names = weather.columns[[2,3,4,5,6,8,11,12,13,14,15,16,17,18,19,20]]
pd.Series(tree_clf.feature_importances_,
    index = var_names).sort_values(inplace=False, ascending=False)
# Humidity3pm      0.540048
# WindGustSpeed    0.316143
# Pressure3pm      0.143809
# Temp3pm          0.000000
# Temp9am          0.000000
# Cloud3pm         0.000000
# Cloud9am         0.000000
# Pressure9am      0.000000
# Humidity9am      0.000000
# WindSpeed3pm     0.000000
# WindSpeed9am     0.000000
# Sunshine         0.000000
# Evaporation      0.000000
# Rainfall         0.000000
# MaxTemp          0.000000
# MinTemp          0.000000

y_pred = tree_clf.predict(X1)
pd.DataFrame(confusion_matrix(y, y_pred))
#      0   1
# 0  287  13
# 1   34  32
```

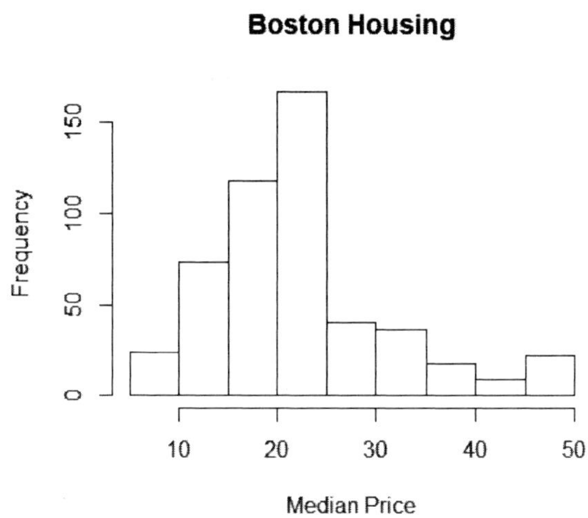


<그림 2> Boston 시 506개 블록의 중간 주택가격

예 2 [회귀]. **Boston {MASS}** 데이터에 나무 회귀모형을 적용해보기로 합니다. 이 데이터는 미국 보스턴 시 506개 블록의 주택 정보를 담고 있는데 중간주택가격 **medv**가 목표변수입니다. 가용 공변량은 범죄율 **crim** 등 모두 13개입니다.

<그림 2>에서 보듯 **medv**의 분포가 오른쪽으로 길게 뻗어있어 제곱근 변환을 취하여 모형에 투입합니다.

따라서 **medv.1**을 **crim** 등 13개 공변량에 나무 알고리즘에 투입합니다. <그림 3>에서 적합모형을 보세요. 첫 노드 분리는 하층민 비율 **lstat**에 의해 이루어지며 이 변수가 9.725 이상이면 왼쪽 가지로, 그렇지 않으면 오른쪽 가지로 분리됩니다. 왼쪽 가지로 흐른 개체들은 다시 **lstat**에 의해 분리되고 오른쪽 가지로 흐른 개체들은 방의 수 **rm**에 의해 분리됩니다. 이런 식으로 진행되어 10개의 종점 노드 중 하나에 닿습니다. 각 종점 노드에서는 평균으로 예측값이 정해집니다. 예컨대 가장 왼쪽 노드에서 예측값은 3.3입니다(변환척도에서).

<그림 4>는 실제관측값(= y축) vs 회귀 나무의 적합값(= x축)의 플롯입니다. 적합값과 실제값 간 어느 정도의 대응성(상관성)을 볼 수 있습니다. 회귀나무 모형의 평균제곱오차(mean squared errors)는

$$MSE = \frac{1}{n}\sum_{i=1}^{n}(y_i - \hat{y}_i)^2 = 0.145$$

입니다. 이것은 영모형(null model)의 평균제곱오차

$$MSE_0 = \frac{1}{n}\sum_{i=1}^{n}(y_i - \bar{y})^2 = 0.875$$

의

$$1 - R^2 = 0.166 \quad (= 0.145/0.875)$$

배입니다. 따라서 평균제곱오차의 $R^2 = 1 - 0.166 = 83.4\%$가 감소된 셈입니다.

그러나 분류 나무에서와 같이 회귀 나무에서도 학습(훈련) 데이터에서 모형성능이 평가되는 경우 정확도가 부풀려집니다. 모형성능 평가를 위해서 새 데이터가 필요한데 이것이 불가한 경우, 붓스트랩 표본추출(bootstrap sampling)로 테스트 데이터를 확보하는 방안이 있습니다(이하 $n$은 전체표본의 크기):

[1] $1, 2, \cdots, n$에서 임의의 $n$개를 중복허락 추출하여 **indices**로 지칭합니다.
[2] 데이터세트 중 **indices** 행만으로 구성된 일부분을 **train**으로 지칭합니다.
데이터세트 중 **indices** 행들을 제외한 일부분을 **test**로 지칭합니다.
[3] 학습(훈련)은 **train**으로 하고, 성능평가는 **test**로 합니다.

붓스트랩 평가에 의해, 평균제곱오차가 0.232로 늘었습니다(전에는 0.145). 그런데 이런 결과는 붓스트랩 부표본에 따라 달라지므로 어느 정도 안정적인 결과를 얻기 위해서는 여러 번 반복하여 평균을 구하는 것이 옳습니다.

나무모형은 결측값이 있는 개체까지도 모형적합(학습)에 포함시킵니다.[2] 따라서 결측값이 산재된 데이터에도 잘 적용됩니다. 또한 변수선택을 자동으로 하므로 공변량들이 많은 상황에서도 잘 작동됩니다. **Boston** 데이터의 경우 총 공변량 수는 13개이지만 <그림 3>의 적합모형에 나타난 공변량은 5개뿐입니다. 공변량들의 상호적인 효과도 모형에 잘 반영됩니다.

그러나 적합모형이 불안정하다는 단점이 있습니다. 투입 데이터가 약간만 바뀌는 상황에서 출력 모형이 크게 달라지는 경우가 빈번하다는 것이죠. 이런 불안정성은 다음 절에서 소개할 진화된 나무모형인 "랜덤 포레스트"에서 해소됩니다.

---

2) 결측값을 해당 변수와 유사한 다른 변수의 관측값으로 대체합니다.

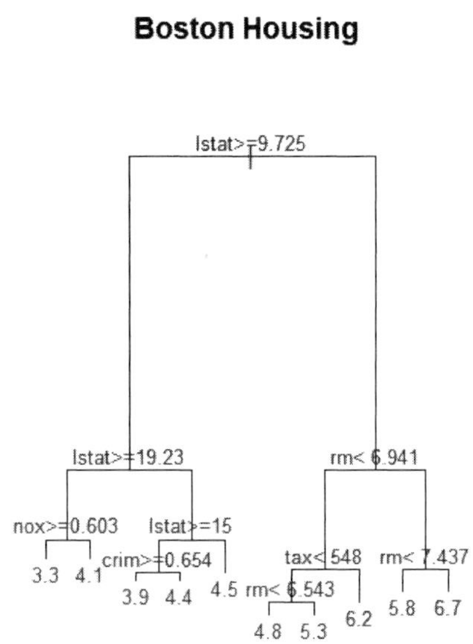


<그림 3> sqrt(medv)에 대한 나무형 회귀

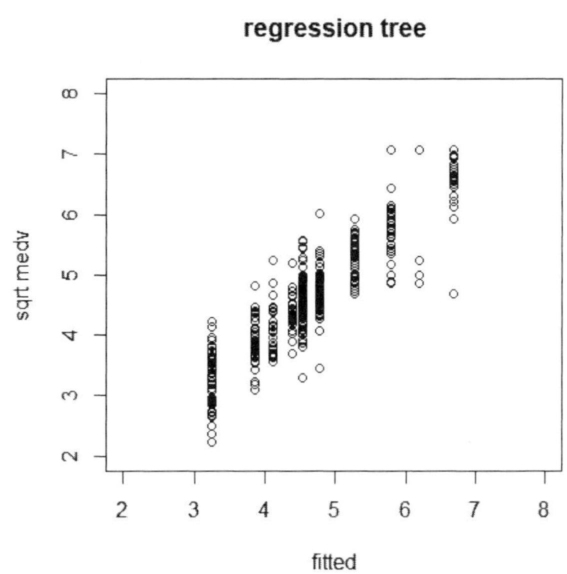


<그림 4> 실제관측값(= y축) vs 회귀 나무의 적합값(= x축)

## 파이썬의 활용

준비와 데이터 읽기

```
import pandas as pd
import statsmodels.api as sm
import numpy as np
from sklearn.model_selection import train_test_split
from sklearn import tree

Boston = sm.datasets.get_rdataset("Boston", package="MASS")['data']
Boston.info()
# RangeIndex: 506 entries, 0 to 505
# Data columns (total 14 columns):
# #   Column   Non-Null Count  Dtype
# ---  ------   --------------  -----
# 0   crim     506 non-null    float64
# 1   zn       506 non-null    float64
# 2   indus    506 non-null    float64
# 3   chas     506 non-null    int64
# 4   nox      506 non-null    float64
# 5   rm       506 non-null    float64
# 6   age      506 non-null    float64
# 7   dis      506 non-null    float64
# 8   rad      506 non-null    int64
# 9   tax      506 non-null    int64
# 10  ptratio  506 non-null    float64
# 11  black    506 non-null    float64
# 12  lstat    506 non-null    float64
# 13  medv     506 non-null    float64
# dtypes: float64(11), int64(3)
# memory usage: 55.5 KB
```

데이터 분할과 나무모형 적합

```
X = Boston.iloc[:, range(0,13)]
y = np.sqrt(Boston["medv"])
X_train, X_test, y_train, y_test = train_test_split(X, y)

tree_reg = tree.DecisionTreeRegressor(max_depth=3,
                min_samples_split=40, max_leaf_nodes=10,
                random_state=0).fit(X_train, y_train)
tree_reg.feature_importances_
var_names = Boston.columns[0:13]
pd.Series(tree_reg.feature_importances_,
    index = var_names).sort_values(inplace=False, ascending=False)
# lstat      0.736902
# rm         0.223590
# dis        0.039508
# black      0.000000
# ptratio    0.000000
# tax        0.000000
# rad        0.000000
# age        0.000000
# nox        0.000000
# chas       0.000000
# indus      0.000000
# zn         0.000000
# crim       0.000000
# dtype: float64

pred_train = tree_reg.predict(X_train)
round(np.mean((y_train - pred_train)**2), 2)
# 0.19
pred_test = tree_reg.predict(X_test)
round(np.mean((y_test - pred_test)**2), 2)
# 0.27
```

적합모형 시각화: Graphviz를 활용하면 개선된 그래프를 얻을 수 있습니다.

```
tree.plot_tree(tree_reg.fit(X_train, y_train))
```

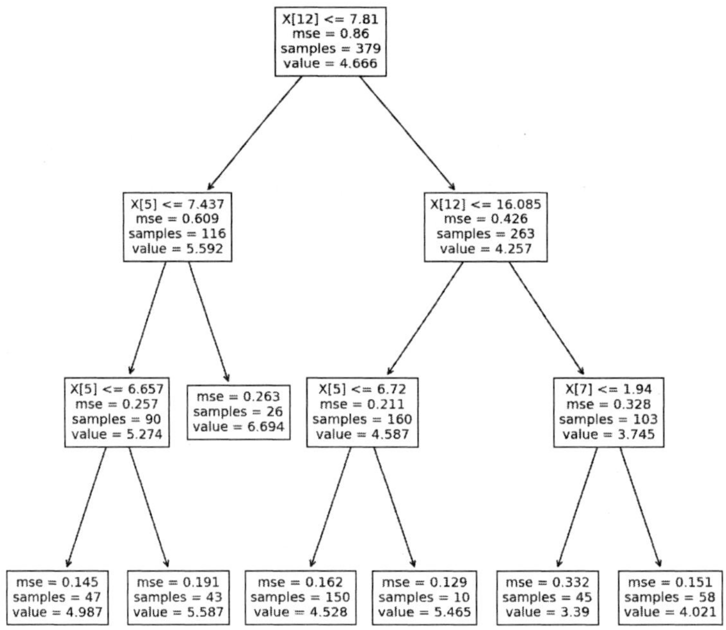


<그림 3-1> sqrt(medv)에 대한 파이썬 나무형 회귀: 학습 데이터 기반
(* x[12]: lstat, x[5]: rm, x[7]: dis)

Graphviz를 활용한 적합모형 시각화

```
import graphviz
dot_data = tree.export_graphviz(tree_reg, out_file=None)
graph = graphviz.Source(dot_data)
dot_data = tree.export_graphviz(tree_reg, out_file=None,
                  feature_names=var_names,
                  filled=True, rounded=True,
                  special_characters=True)
graph = graphviz.Source(dot_data)
graph
```

## 10.2 랜덤 포레스트

이 알고리즘은 나무 한 그루가 아니라 나무들의 집합인 숲(forest)을 만듭니다. 다음과 같이 손오공의 분신술을 씁니다.

[1] 원 표본에서 붓스트랩 추출로 임의의 부표본을 확보합니다.

[2] 붓스트랩 부표본으로 나무모형을 만듭니다. 노드 분리에서 $p$개의 가용 공변량 중 임의추출된 $q(<p)$개만 씁니다.[3)]

[3] 앞의 두 단계를 $M(=500)$번 반복하여 얻어지는 나무들의 집합(앙상블)이 최종 모형이 됩니다. 즉 분류의 경우는 개별 예측값들의 모드가 최종 예측값이고 회귀의 경우는 개별 예측값들의 평균이 최종 예측값입니다.

그러니까 랜덤 포레스트(random forest)는 모형 앙상블(model ensemble) 기법입니다. 임의의 부표본으로 나무를 만드는 이유는 나무들의 상호적 독립성을 최대로 확보하기 위해서입니다. 노드 분리에서 설명변수(공변량)들을 임의추출하여 일부만 쓰는 이유는 너무 많은 것 중에서 하나만 고를 때 나타나는 편중성의 경감을 위해서입니다.

모형성능의 평가는 개체별로 단계 [1]의 붓스트랩 표본에 포함되지 않은 경우에만 이루어지므로 랜덤 포레스트는 훈련자료에 과다적합되지 않습니다.[4)]

사례 1 [분류]. `weather {rattle.data}` 데이터에 랜덤 포레스트를 적용해보기로 할 터인데, 이 데이터에 한 가지 특수성이 있습니다. `Sunshine`부터 `WindSpeed9am`까지 여러 변수에 걸쳐 산재된 결측이 문제인데요, 이것이 랜덤 포레스트에서 말썽을 일으키므로 투입 데이터의 빈 칸들을 임의값으로 대체합니다. 그리고나서 랜덤 포레스트를 만듭니다. 랜덤 포레스트에 의한 분류예측의 결과는 다음과 같습니다.

---

3) `randomForest` 패키지의 `randomForest()` 함수에서 $q$(=mtry)의 디폴트 값은 목표변수가 수치형인 경우 $p/3$이고 이항형인 경우 $\sqrt{p}$입니다.

4) 랜덤 포레스트는 `randomForest` 패키지의 `randomForest()` 함수에 구현되어 있습니다.

| 관측 \ 예측 | No | Yes |
|---|---|---|
| No | 275 | 25 |
| Yes | 25 | 41 |

위음 예측률이 $8.3\%(=25/(275+25))$, 위양 예측률은 $37.9\%(=25/(41+25))$, 총 정확도가 $86.3\%(=(275+41)/366)$입니다.

랜덤 포레스트는 나무모형과는 달리 모형이 어떻게 형성되었는지를 보여주진 못합니다. 랜덤 포레스트가 많은(= 500) 나무들의 앙상블이기 때문입니다. 그러나 <그림 5>와 같은 변수 중요도 플롯(variable importance plot)을 보여줍니다. 여기서 변수 중요도란 앙상블 내 개별 나무들이 생성되는 과정에서 각 변수가 노드 분리에 기여한 즉 지니 지수와 잔차제곱 합을 말합니다.

다음으로 `weatherAUS` 데이터에서 캔버러 지역의 2008년 11월 1일부터 365일간 자료에 랜덤 포레스트 모형으로 예측하여 실제와 대조 평가해 보겠습니다. 여기서도 일부 변수값에 결측이 있어 앞의 방법으로 대체 처리합니다. 분류예측의 결과는 다음과 같습니다.

| 관측 \ 예측 | No | Yes |
|---|---|---|
| No | 254 | 41 |
| Yes | 36 | 34 |

위음 예측률이 $12.4\%(=36/(254+36))$, 위양 예측률이 $54.7\%(=41/(41+34))$, 총 정확도가 $78.9\%(=(254+34)/365)$입니다. 이 사례에서는 분류 나무의 결과와 비교하여 그냥 비슷한 정도이지만 시도해볼 가치는 충분합니다.

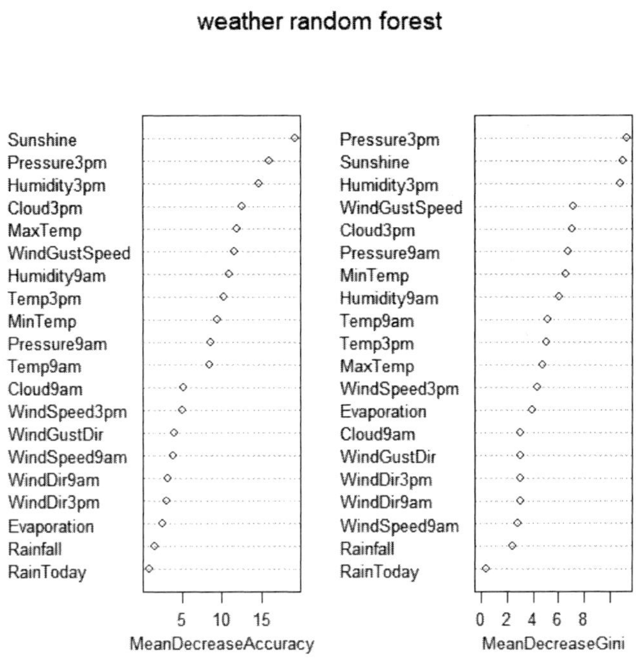


<그림 5> weather 랜덤 포레스트의 변수 중요도 플롯

### Python의 활용

```
from sklearn.ensemble import RandomForestClassifier
class2 = RandomForestClassifier(max_features=4, random_state=1)
class2.fit(X1, y)

rel_imp = pd.Series(feature_importance,
    index=var_names).sort_values(ascending=True, inplace=False)
rel_imp.T.plot(kind='barh', color='r', )
plt.xlabel('Variable Importance')
plt.gca().legend_ = None
```

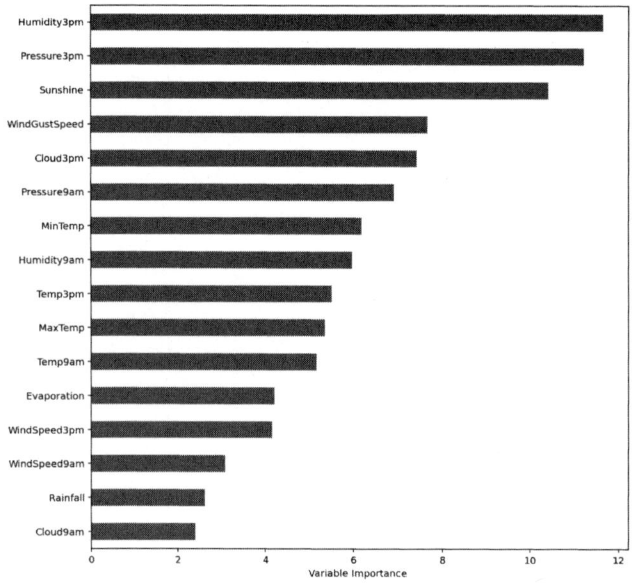


```
class2.score(X1, y)
y_pred = class2.predict(X1)
pd.DataFrame(confusion_matrix(y, y_pred))
#      0  1
# 0  300  0
# 1    0 66
```

새 데이터세트에 적용

```
weather_new = pd.read_csv("C:\\Users\\...\\weather_new.csv")
type(weather_new)
weather_new.columns
weather_new.shape
weather_new.head(5)

y_new = pd.factorize(weather_new["RainTomorrow"], sort=True)[0]
X_new =
```

```
np.asarray(weather_new.iloc[:,[2,3,4,5,6,8,11,12,13,14,15,16,17,18,19,20]])

from sklearn.impute import SimpleImputer
imp = SimpleImputer(missing_values=np.nan, strategy='mean')
imp.fit(X_new)
X1_new = imp.transform(X_new)

y_pred = class2.predict(X1_new)
pd.DataFrame(confusion_matrix(y_new, y_pred))
#     0   1
# 0  278  17
# 1   48  22
class2.score(X1_new, y_new)     # 0.822
```

사례 2 [회귀]. Boston {MASS} 데이터에 랜덤 포레스트를 적용해보겠습니다. 목표변수는 중간주택가격 medv의 제곱근 변환입니다. <그림 5>는 랜덤 포레스트의 관측값 vs 예측값 플롯입니다.

랜덤 포레스트 관측값은 개체별로 단계 1의 붓스트랩 표본에 포함되지 않은 회귀나무들에서 예측값이 모아지므로 과다적합의 편향은 없습니다. 회귀나무의 평균제곱오차 0.145에 비해 훨씬 작은 평균제곱오차 0.100으로 평가되었습니다.

<그림 6>은 변수 중요도 플롯입니다. lstat, rm, crim, nox 등이 중요한 공변량이라는 것을 알 수 있습니다.

### Python의 활용

```
import matplotlib.pyplot as plt
from sklearn.ensemble import RandomForestRegressor
Reg2 = RandomForestRegressor(max_features=4, random_state=1)
Reg2.fit(X_train, y_train)
```

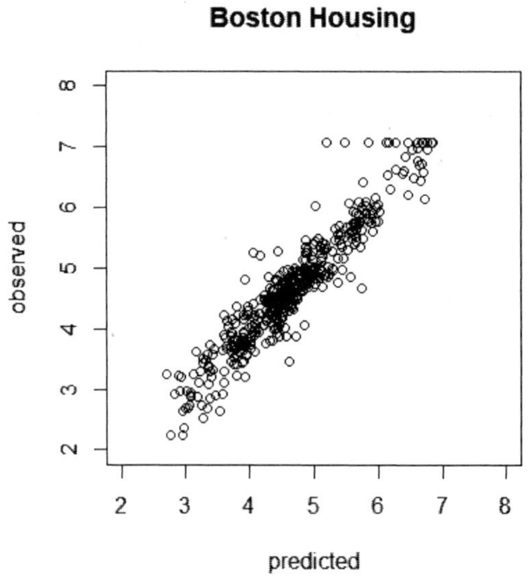


<그림 5-1> Boston Housing 랜덤 포레스트의 예측값 플롯

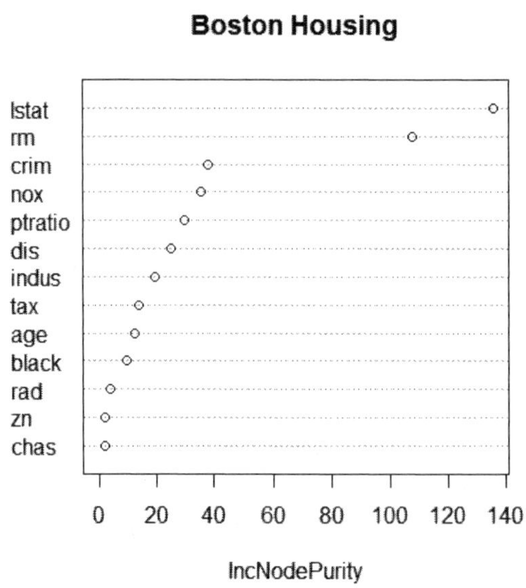


<그림 6> Boston Housing 랜덤 포레스트의 변수 중요도 플롯

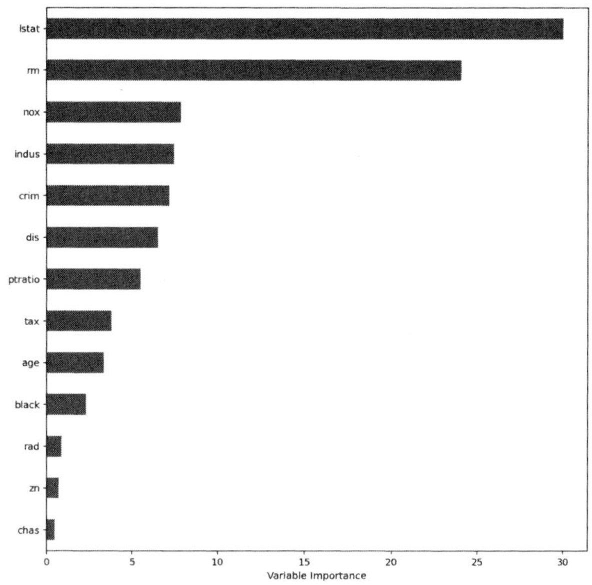


<그림 6-1> Boston Housing 랜덤 포레스트의 파이썬 변수 중요도 플롯

```
feature_importance = Reg2.feature_importances_*100
rel_imp = pd.Series(feature_importance,
    index=X.columns).sort_values(inplace=False)
print(rel_imp)

rel_imp.T.plot(kind='barh', color='r', )
plt.xlabel('Variable Importance')
plt.gca().legend_ = None

pred_train = Reg2.predict(X_train)
round(np.mean((y_train - pred_train)**2), 4)
# 0.0178
pred_test = Reg2.predict(X_test)
round(np.mean((y_test - pred_test)**2), 4)
# 0.0902
```

## 체크포인트

나무모형은 노드 분리를 통해 불순도를 감소시키는 예측모형을 만들어냅니다. 불순도의 측도는 분류에서는 지니 계수이고 회귀에서는 평균잔차제곱입니다. 모형 성능을 공정하게 평가하려면 학습(훈련) 자료와 테스트 자료가 겹치지 않아야 합니다.

랜덤 포레스트는 나무모형들의 집합입니다. 개별 나무모형은 붓스트랩 표본을 나무모형 알고리즘에 넣어 산출되는데 노드 분리에서는 전체 공변량 중 임의추출된 일부만 고려됩니다. 최종 예측은 개별모형 예측값들의 모드 또는 평균입니다.

## R 스크립트

10_weather.R

10_boston housing.R

## 파이썬 스크립트

10_나무모형 알고리즘.py

weather.csv

weather_new.csv

# 찾아보기

## 저자 소개


**허명회(許明會)**

서울대학교 자연과학대학 계산통계학과 (졸업)
미국 스탠포드대학교 통계학과 대학원 (통계학 Ph.D.)
전) 고려대학교 정경대학 통계학과 교수
현) 성신여자대학교 석좌교수


**저서**

R을 활용한 사회네트워크분석 입문
R을 활용한 행렬의 이해와 계산
R 프로그래밍
조사방법론 강의
법과 통계학
통계계산 (Statistical Computing Using R)
데이터 과학: 입문과 토픽 외 여러 권

# 데이터 과학 입문 - R과 Python의 활용 -


저 자 허명회
발 행 인 김지영
발 행 처 자유아카데미
주 소 경기도 파주시 회동길 37-42
파주출판도시
전 화 031-955-1321
팩 스 031-955-1322
홈페이지 www.freeaca.com
전자우편 main@freeaca.com (대표)
editor@freeaca.com (편집)
crm@freeaca.com (영업)
등 록 제406-2003-017호, 1980. 7. 12
제1판1쇄 2021년 9월 25일 발행





ISBN 979-11-5808-322-9 93310